痛悼王師更生辭世

門生哀悼追思紀念文集錄

王更生教授辭世
門生哀悼追思紀念文集錄編輯小組編

文史哲出版社印行

國家圖書館出版品預行編目資料

痛悼王師更生辭世：門生哀悼追思紀念文
集錄 /王更生教授辭世門生哀悼追思紀念
文集錄編輯小組編 --初版 -- 臺北市：文
史哲,民 99.08
　頁；　公分
ISBN 978-957-549-919-8（平裝）

1. 王更生 2.臺灣傳記

783.3886　　　　　　　　99016024

痛悼王師更生辭世
門生哀悼追思紀念文集錄

主　編　者：王更生教授辭世門生哀悼追思
　　　　　　紀念文集錄編輯小組編
出　版　者：文　史　哲　出　版　社
　　　　　　http://www.lapen.com.tw
　　　　　　e-mail:lapen@ms74.hinet.net
登記證字號：行政院新聞局版臺業字五三三七號
發　行　人：彭　　　正　　　雄
發　行　所：文　史　哲　出　版　社
印　刷　者：文　史　哲　出　版　社
　　　　　　臺北市羅斯福路一段七十二巷四號
　　　　　　郵政劃撥帳號：一六一八〇一七五
　　　　　　電話886-2-23511028・傳真886-2-23965656

定價新臺幣一八〇元

中華民國九十九年（2010）八月初版

先生之風，山高水長

（代序）

　　炎暑盛夏，萬物繁茂，不料卻造化弄人，恩師王更生先生竟在此時揮別了我們！總以為老師平日保健有方，應能化險為夷，誰知僅僅兩個半月，老師即溘然長逝，天人永隔！不但家人哀傷、門生沈痛，學術界更是一片錯愕悼惋，咸認為是學界的重大損失。也或者，是蒼天憫念恩師一生造福別人太多，不忍讓他再多受罹疾的苦患了！

　　恩師一生自奉儉樸，思慮謹嚴，有過人的恆心與毅力，精神上不好勞煩別人，物質上不圖生活享受，以規劃縝密，貫徹目標見長。因此他將畢生的時間與心力，都奉獻給家人，投注在教學、研究的生命事業上。不但和師母鶼鰈情深，憂樂與共，長達五十六年；也栽培子女完成研究所學位，扶助他們自立成家，生活無虞；而以嚴師慈父之情，一一點化裁成五十幾位門生，不但成為奉獻社會，各行各業的中堅，也關心學生的工作家庭，引導學生的人生方向，一入王門，終身受其教益關顧。學術研究上，恩師則以釀蜜吐絲的精神，無一日間斷，自出杼軸，完成 41 本專門著作、225 篇學術論文，其兼賅經學、子學、文學理論、唐宋散文的研究成果，眾人難望項背！尤以對文心雕龍的探賾，一日不可須臾或離，以全面化、系統化、獨創化的教學研究，樹立海內外

龍學泰斗的學術聲望。可以說恩師八十三載的生命歲月，鞠躬盡瘁，精采尊榮，完成了對自己、對他人、對文化傳承開創的使命。

做為恩師指導門生，蒙其教澤霑漑的，最長者有三十七年，最短者也有三年，而不論時有長短、地分南北，對恩師辭世的噩耗，人人愁雲罩頂，如喪尊親，日日傷慟不可自抑。恩師對待學生，五十幾位好像只有一位，每人都是老師的心肝寶貝，芟繁矯揉，春風風人，無分軒輊。是以經會商討論，同門決定撰文寫下對恩師的感念追思，並彙集成冊，訂名為「痛悼王師更生辭世－門生哀悼追思紀念文集錄」，一則抒發內心鬱結，一則感念師恩似海，聊表悼謝恩師之情於萬一。雖時間迫促，僅四日之內，即獲同門支持，收到紀念詩文二十四篇，篇篇真情流露，寫出師生情緣的各個面相，足觀恩師不僅是學術研究型的學者、教學理念的落實者，還是生命價值的實踐家。本集錄限於時間，除門生追念作品，並未對外徵文，但仍有海外龍學學者先進、學會機構所贈輓聯、唁函紛至沓來，倘能配合印製時間，亦一併收錄，以資銘感恩師友輩之雲情盛誼。

處理編務之際，恩師的聲情笑貌，時映腦海；當夜風徐來，若聞老師細語垂示，每有深沈的傷痛，在心中盤旋糾結，難以自已；幸有同門師兄姐妹們相互扶持：大師兄郭鶴鳴的指導定奪，諸師姐妹錢文星、吳玉如、劉美蕙的共同分擔，尤以玉如聯繫不輟，協助編校，出力辛勤。並感謝恩師摯友彭正雄先生的慨然承印，終能成編付梓。謹以此門生「集錄」，感禱先生之風，山高水長；英靈安息，不再有人世的苦厄！

主編　方元珍謹識

99 年 8 月 6 日

痛悼王師更生辭世
門生哀悼追思紀念文集錄

目　　次

三、恩師故舊悼輓

（一）個　人：

一、恩師生平行誼

家 祭 祭 文

哀啓者：

　　先夫諱更生，原籍河南省汝南縣，為避秦之亂來台。先夫終生服務教育界，奉公守法，生性耿直，坦誠待人，教學認真。日夜奔勞，常至深夜，罔顧身體健康，總因工作不怠不懈。近月常感胃部消化欠佳，胸部不適，經醫生檢驗，診斷為胰臟癌。無奈已積病過久，醫藥罔效。慟於中華民國九十九年七月二十九日（農曆六月十八日）晚上十時五十分，病逝於台北市立仁愛醫院，距生於民國十七年七月二十日，享壽八十有三歲。

　　嗚呼！吾夫一生辛苦，正期與兒孫歡度晚年，孰料罹患絕症，天人永隔，情何以堪！天何不佑，奪我良人。時也！命也！復何言哉！謹以薄奠，鑒我微衷。哀哉！尚饗。

未亡人

王祁素珍　泣述

祭王公　更生教授文

陳　松　雄[*]

　　維中華民國九十九年八月十二日友朋門生等以時羞之奠，致祭於王故教授更生之靈前曰：嗚呼！在東星殞，輒減夜空之明；成陣卒傷，頓衰眾旅之氣。況文曲潛曜，預知科場之殃；大師凋萎，先見校園之損者乎？

　　先生稟河淮之玉石，聰慧超群；得儒道之風流，襟懷曠眾。縱橫六藝，立槃深之根基；馳騁諸家，弸厚實之義理。故能才兼文雅，識達古今，學如山成，思比泉湧。師大博士，勤教誨於諸生；德明校長，廣陶甄於眾技。傳道授業，雖移暑而忘勞；解疑釋難，縱燕朋而善導。指畫之中，明示攻木之序；從遊之士，率知握珠之方。昔馬老送鄭，期聖道之必東；今王公授徒，勗斯文之不墜。古今世詭，師範異曲而同工；文質情懸，教庸殊方而一致。追思曩舊，歷歷在心，猶寒冰之淒涼，若秋氣之蕭瑟，嗚呼痛哉！

　　其執卷反覆，論思再三，若買臣之嘔吟，如翁子之雛誦。以致陳簡壓架，堪稱「滿屋」之書；積篇連雲，足謂「等身」之作。

---

* 作者為東吳大學中文系教授。

八家文筆，既提要而鉤玄；六代錦珠，復剖情而釋義。尤體貌劉勰，沉酣文心，得龍學之精微，辨版書之美惡。校正古今注疏，素有傑作；穩當臺海盟主，早播英風。仲尼既歿，而微言不存；叔夜已亡，而廣散斯絕，豈不痛哉！

　　嗚呼！先生與人忠而有禮，不別尊卑；執事敬而能恭，無分大小。謙謙君子之範，言語藹如；肅肅學人之風，論談穆若。學界稱爲「才士」，聲聞屢傳；里中喚作「善人」，口語交薦。而痼疾難攻，名醫束手；至情易慟，近識含悲。嗚呼！故友已去，黃爐獨存；王公既賓，絳帳徒飾。連輿接席，已成莊夢之虛；執簡問師，更甚「蜃樓」之幻。或感傷起歎，豈待日薄虞淵；悽惻興悲，何須路聞鄰笛。或羹牆長想，永奉光靈之前；夢寐正酣，暫回夙昔之境。嗟呼！哀樂悲切，時激「宛在」之思；殯宮淒涼，更增永離之慟。嗚呼哀哉！尚
饗。

王教授更生先生生平事略

—— 歷盡艱難好做人

郭 鶴 鳴[*]

一、里籍與親人

　　先生出生於民國十七年七月二十日，父母賜名福星，學名應畋，來台後始改今名。祖籍爲河南省汝南縣，世居官莊鄉。民國三十七年隨軍來台，數經遷徙，最後寄籍台北市和平東路二段住所至今。

　　先生父諱鴻祿，母劉氏諱蘭英，雙親皆未受正式教育，不識文字。先生爲長子，有妹數人。民國四十三年與夫人祁素珍女士結褵，育有子女三人，長子王愷，長女王憬，次女王恆，皆受高等教育，各已婚嫁，孫輩內外共七人。先生與夫人皆於時局動盪中隻身渡台，在台親戚僅三數人，亦鮮少得其助力，故由民國三十八年任縣政府雇員以來，在一路逃遭中半工半讀，至民國六十一年獲國家文學博士學位，皆在艱難困苦中，以無比堅定之意志

* 作者爲王老師 67 年指導學生，爲王教授更生先生治喪事宜召集人。

與惡劣命運揮搏奮鬥；然而無論學術研究與教學上之裁成輔育皆有重大成就。先生十四歲參加升初中考試，作文題目爲「歷盡艱難好做人」，閒談偶及，屢屢以是爲自己人生之寫照，亦爲其從事工作與研究教學持以自勉勉人之南鍼。

二、求學經歷

先生七歲入私塾，十四歲汝南信義小學畢業，就讀中學時因戰爭而轉徙陝甘。來台後，二十三歲教育行政人員普通考試及格，又一年教育行政人員高等考試及格。三十五歲國立台灣師範大學夜間部國文系畢業，獲文學士學位；又三年，國立台灣師範大學國文研究所碩士班畢業，獲文學碩士學位；越兩年四十歲時，考取國立台灣師範大學國文研究所博士班，博士論文《籀廎學記》（一名《孫詒讓先生之生平及其學術》）於民國六十一年經教育部博士論文口試委員會正式通過，獲中華民國國家文學博士學位。

以上一段求學經歷，敘來似乎容易，而先生身自當之，其中淒苦萬千，艱辛備嘗，實是局外人所不能曉喻。即以就讀台師大夜間部國文系一段半工半讀歲月言之，先生當時在台北縣瑞芳工業職業學校任教，即借住學校之單身宿舍，夫人則任職於宜蘭之蘭陽女中，亦與小孩同住學校宿舍。爲趕搭每日下午四點四十八分由瑞芳開往台北之火車，先生必須於四點二十分學校最後一節下課後，即疾步離校，走下山坡，左拐右彎，趕到火車站候車。若火車準時，約五點五十分可至台北，而師大夜間部六點半開始上課，先生由出站、搭公車，至少亦需半小時始能到校，故日日枵腹聽講，而無暇晚飯。逮十點十分下課後，先生復片刻不敢停留，急急趕公車至火車站，候搭十點四十五分火車到八堵，換乘

往瑞芳之火車，回到宿舍，通常已近半夜十二點；若台北站火車誤點，則到八堵時往往無車可接，須與站長情商，搭運煤空車至瑞芳，步行回到住處經常已逾午夜一兩點，託伙伕蒸熱之便當此時或許猶有餘溫。如此歲月，凡歷三年。先生苦學情狀，以上所述，不過百千之一二，其處境之窘迫蹇困，其意志之堅卓強毅，其向學之惇篤懇切，亦從而可知。

三、服務與教學

先生渡海來台，民國三十八年二月始任台灣省台北縣政府地政科雇員，五月調人事室，其間居無定所，食不果腹，異地漂泊之感，隻身獨寄之悲，時縈襟懷。是年九月奉派為台北縣瑞芳鎮鼻頭里國民小學教員，此先生從事教職之始，其後至五十五年七月間，皆在各小學、中學間輾轉任教。逮八月，始應聘為私立德明行政管理專校副教授兼訓導主任，六十一年五月，又接聘擔任校長；六十二年七月底辭校長職，改任國立台灣師大國文系副教授，至六十七年升等為教授，於師大服務歷二十五年，至八十七年七月屆齡退休，改聘為兼任教授。除師大專任教職之外，前後擔任海內外各大學中文系客座教授、兼任教授者，有香港浸會大學、河南鄭州大學、淡江文理學院、中央大學、東吳大學、世新大學，所至講授《文心雕龍》，著有聲譽。

四、著述與指導研究生

先生學殖多方，通貫博洽，冶辭章、義理、考據於一爐，而尤專精於《文心雕龍》。其著述計至民國九十六年止，共得專書

三十九種，有聲著作二種，編纂專著三種，單篇論文則不可以數
記。其所著專書、論文，均以《文心雕龍》爲大宗，無論講學或
參與學術研討會，兩岸三地無不群推共許，稱爲當代宗師，聲光
之普被，乃及於日韓，全世界學者凡於《文心雕龍》稍有涉獵者，
無一不知有先生，亦無一不敬其治學之謹嚴，無一不重其鑽研之
深邃。

先生自民國六十二年起任教於台灣師大國文系，其後始指導
研究生。由民國六十五年起至民國九十六年爲止，所指導之各大
學中文所研究生，獲得博士學位者共有十九位，獲得碩士學位者
共有三十一位，其他指導論文經審查通過而獲得大專教師資格者
共有三位。由於門生眾多，師生情誼又厚，乃至有「王門」之譽。

先生於所指導之研究生，要求極其嚴格，督促極其密切，而
護持多方、關懷備至，學生偶或遭逢事變，先生溫言慰諭，往往
及其父母家人。古人稱學生爲弟子，先生則真能待學生如弟如子，
是故久而久之，學生於先生亦皆由畏而敬，由敬而愛，師生一倫
之貴重，於先生之門而可概見。

先生生長艱窘，早年顛沛，歷經諸般折磨與鍛鍊，平日少私
寡欲，恬淡自甘，作息有節，運動規律。振鐸上庠以來，唯知精
勤一意於研究，誠懇專志於教學，刻刻以發揚光大我中華文化爲
念，數十年若一日，貌甚清癯而體氣素強，年逾八十猶著述不輟，
講授如昔。半年多來稍爲腸胃不適所苦，今年五月許經醫院深入
檢查，乃知罹患胰臟惡疾，群醫束手，藥石罔效，不數月而驟歸
道山，撒手仙逝，哀哉！先生著述中有自訂年譜初稿一種，生平
諸事，載述詳備，學行心迹，亦羅縷記存，讀之令人慨然興起，
有振翼奮飛之志，先生所謂「歷盡艱難好做人」者也。今不幸而
遭逢大故，乃爲總其行誼，恭述生平事略如上。

我們的父親　孩子們的爺爺

王　愷[*]

　　孩子們的爺爺，我們的父親，就這樣忽然走了！這是多麼令我們意想不到，痛心疾首的打擊！

　　猶記得五月中旬，當我們得知父親罹患胰臟癌的消息，誠如晴天霹靂。一時滿腦空白，手足無措。平日作習規律，飲食清淡，按時運動，數十年如一日；鑽研學問，讀書教課，清心寡欲的父親，怎麼可能罹癌，而且是群醫束手的胰臟癌？我們幾乎慌亂暈厥，立刻質疑診斷的正確性，並詢問下一步最佳的治療方式，需要切片確認嗎？應該化療嗎？有其他更好的選擇嗎？有任何可供參考的經歷或記載嗎？一連串的問題立刻成為家裏的日常對話，胰臟癌有關的文獻也成為我們最主要的閱讀材料。試想如此權威的老教授，這般嚴厲，不容後輩造次的父親，他又怎堪此等震撼？

　　雖然現今通訊便捷，我們仍然決定由王愷先行即刻返台，同時著手研究相關的資料，向熟識的腫瘤科及腸胃科醫師請教。我們也急著打電話，請美國及台北的醫師朋友提供意見，因為不治療，及六個月即將至生命盡頭的預測，實在很難讓我們接受！

* 作者為王老師長公子。

　　當我們發現，牛樟芝可能對胰臟癌有療效時，不由得異口同聲地說：值得一試！我們立刻購買一個月份的牛樟芝。同時父親的朋友也介紹一位中醫師，他並特地來家裡看診，而這位中醫師也提到牛樟芝至少可以控制胰臟癌，我們這才稍微鬆了一口氣。根據中醫師的建議，要注意蛋白質的攝取。例如燉老母雞等等，也都一一照辦，同時還交待當時的看護幫忙繼續烹煮。沒想到父親仍是食慾不振，體力日衰，這時我們決定，待孩子們課業結束後盡早回臺，陪爺爺一段時日。

　　我們也購買了胰臟萃取酵素，因為文獻記載，此可增加胰臟癌患者食慾及幫助消化。但我們也不敢輕易相信，特請臺灣的妹妹，務必徵詢腫瘤科醫師的意見。不料在我們全家到達台北之前，父親因為貧血又住進醫院。我們一下飛機，直奔仁愛醫院。看到掛著點滴的父親，著實嚇了一跳。其實我們也不知道該怎麼辦？滿腹的話語瞬間不知如何啟齒，孩子們來之前所有要照顧爺爺的計畫也頓時化為烏有。看著父親沒胃口，彷彿能做的，就是準備各種食物，擺在桌上。跑遍了醫院附近的餐廳、店舖、江太太的菜肉包、鼎泰豐的小籠包、永和豆漿的燒餅夾肉、半畝園的大滷麵，都引不起一點父親的食慾。他常抱怨每個人都逼他進食，我們趁機跟他說，既然聽說牛樟芝對胰臟癌有效，為了和癌細胞打仗，就要多吃一點，補充蛋白質，否則怎有力氣對抗它？接著幾天，不知是點滴注射的白蛋白和營養劑，或是持續服用的牛樟芝，還是補充的胰臟萃取酵素有所幫助，他看起來稍有精神，氣色漸佳，能夠起身走動一下。然而血紅素持續下降，我們擔心可能有潛在的危機。但是父親無時無刻不想出院回家，最後和幾位醫師討論後，決定在輸血觀察兩天無不良反應後就回家靜養。在家裡病情似較穩定，再加上三不五時有學生探訪，父親似稍有進步。

我們每天重覆著，提醒他吃藥，加餐飯。大家的心情跟著他進食多寡而起伏。有一次海武（孫兒）在房內幫爺爺按摩手腳，父親忽然感慨地說起大家每天跑那麼多地方，別說買三餐，光是跑路就夠辛苦的了！父親您知道嗎？只要您身體能好，跑再多的路我們都願意。

雖然父親病情似較穩定，我們心裡仍暗自盤算他甚麼時候會開始疼痛？最壞的情況，六個月是甚麼時候？回美處理一下工作，甚麼時候再來呢？但萬萬沒想到，在我們離開臺灣兩個禮拜後，父親再度住院，而這一入院，隨後沒多久就昏睡不醒，其間醫生也做了各式嘗試，但效果有限，父親沒幾天就因敗血症離開了。

不明白為什麼事發何以如此突然，父親走得如此快速？記得有一天跟父親說，我們天天禱告，希望父親長壽沒有病痛。我們一直希望牛樟芝夠發揮傳說中的作用，否則即使維持現狀，我們也很滿意。誠心盼望父親能多陪伴我們些時日，更希望父親有機會和我們開心地聊天，把過去、現在和未來，父親對我們的憂慮都一掃而空！真不明白哪裡錯了？醫生預估的六個月呢？如果牛樟芝有效，為什麼這麼快呢？唯一讓人慶幸的是父親沒有感到胰臟癌帶來的疼痛。

父親一生專研中國文學，並致力於教育。我們一家雖然客居美國，但從未敢忘本，孩子們在家說講中文，無一日不以中國人自居。從我們做事、做研究到孩子們唸書，無不以父親治學為榜樣。遺憾的是，我們再也沒有機會當面告訴他這些讓他值得快慰的事！

從來不知道生命是如此脆弱，也不相信此等意外，會發生在自己身邊的親人。回想這段時間，我們很感激所有的叔叔、伯伯、

阿姨、嬸嬸、朋友,父親的學生大哥、大姐們幫忙,替父親打氣。現在更為了送父親這一程,讓大家勞心勞力,我們真是銘感五內,日後當結草銜環以報恩德。

　　這一切似乎像夢一般,這麼的快,這麼的讓人無法接受。夢可以醒,但心中的痛與對父親的懷念就像刀一般刻在我們的腦中。早上做了攤餅、小米稀飯,還想這是父親愛吃的。走筆至此,心中思潮起伏熱淚盈眶,有太多的話沒機會和您說,也有太多的事沒機會和您一起做。父親您放心,我們和兩個妹妹會好好照顧母親,您的孫兒、孫女們也都會好好作事唸書。

　　孩子們的爺爺,我們的父親,您好走。

　　　　　　　　　　　王愷　幼華
　　　　　　　　　　　　　　　　　泣書
　　　　　　　　　　　王璟　王恆

恩師生前留影

恩師偕同師母、王恆於民國九十九年（2010）三月廿八日同遊羅東童話村農場。用餐時，恩師與師母合影。

這張「全家福」，除恩師外，靠師母後面並立的是王愷、劉幼華夫婦，左邊是他們的一子兩女，站在後面的是王海文，海文前面是王海武，海武前面是王海英。在恩師後面的是王恆。靠王恆右邊並立的是艾丹尼爾和長女王憬夫婦，靠王憬站的是長女艾佳豫、次女艾欣豫和艾沛豫。全家歡聚一堂，其樂融融。

民國八十六年（1997）七月廿日同門門生及友好在台北市中山北路
晶華大飯店，為恩師七十歲生日暖壽，當日師生共聚一堂，聲光映
輝，說不完的往事，道不盡的情懷。

民國八十八年（1999）五月在台灣師範大學舉辦
「文心雕龍」國際學術研討會合影。

民國九十四年（2005）由日本福岡大學召開「文心雕龍國際學術研討會」，中坐者為主持人岡村繁教授，右立者為發表人笠征教授，由恩師擔任評倫人。

民國九十四年（2005）四月由日本福岡大學召開「文心雕龍國際學術研討會」，會後與參加會議的全體學者在會場內合照。前排中坐者為岡村繁教授，由此向左依序是王運熙、林其錟、劉文忠、林中明，向右依序是笠征、錢永波、王師更生、張少康。並有門生溫光華、劉渼、尤雅姿、方元珍、廖宏昌、呂武志等出席會議。

恩師授課與其板書，攝於世新大學。（2010.03.02）

淡江大學中文系舉辦成惕軒教授百歲冥誕紀念研討會，恩師
（左坐者）與林雲大師（右坐者）對談研討，中坐者為崔成
宗主任。　　　　　　　　　　　　　　　　2009.06.14

恩師病榻手書

99年5月13日.下午.

1. 下午6時.在慈濟醫院237病室.趙有
誠醫師來面告在此經過電腦斷層胸腔
攝影掃瞄的檢查報告內容是：

① 得了胰臟瘤.

② 以癌未勢把否空程.同時反：濃.給病人製造苦難.

③ 趙醫師曾言其父親亦患此病.知其存活率不高.所以病家要早做準備.

④ 趙請病床的家族成員如子.女輩.本週五上午9時來(237病室.了我為大家作公開分析与說明.

二、門生依依話別

給您的一封信

錢 文 星[*]

　　我摯愛的老師，這應是我生平第一次給您的信吧！但它卻無法寄出。老師，您會收得到嗎？如果會，請答應我在夢中告訴我一聲吧！

　　屈指算來，跟隨您竟然已滿三十四個年頭了。就這麼亦師、亦友地走了過來。薰薰然以為可以長長久久。突然您就丟下我們了！我才感受到原來這多年來，慢慢累積起來的能量有多深厚，而我的悲慟也就超出了自己的想像。

　　過去的也就不談了，談談這半年來發生的事吧！往年過年，我都是單槍匹馬地來跟您和師母拜年，不知怎的，忽然有一天接到電話：「這次拜年要門弟子一起，拜完年，老師還要請我們小酌一番。」這是二月十一日的事。現在想起來，這莫非是個異兆呢？見面後，您跟我們說：「胃不舒服，吃了幾帖中藥，現在好多了。」可是用餐的時候，我正對著您，發現您的氣色不好，就對您說：「我觀察到老師有病容！」也許因您說已沒事了，就沒有勸老師進一步去大醫院檢查。我真粗心！那時如果能做正確的

---

[*] 作者為王老師指導，65 年獲碩士學位學生。

判斷，堅定的堅持，事情絕對不會變成今天這樣。老師，我對不起您，枉費您多年來的疼愛，沒有在最關鍵的時刻出力，我恨我自己的沒用，這是第一次的耽誤。

年後，忽接您來電，邀在各大學任系主任的弟子們在羅斯福路彭園餐廳用餐，鮑魚魚翅盛饌滿桌，我雖敬陪末座，仍備感榮幸。席間，您表示了想在大學成立文心雕龍研究學會。結果，由當時未出席的中山大學廖宏昌學長接手。可以感到老師的欣慰。後知後覺的我事後想想這莫非又是一個異兆？您在交代什麼吧！我恨不成材的自己為什麼當時沒有絲毫察覺的能力呢？接下來一兩月後，您來電表示要去慈濟醫院檢查，要我相陪，我當然義不容辭。當天做完各種檢查已近傍晚，大家在 B1 餐廳用餐完才回去，記得那天您還堅持要計程車載我到家門口，任憑我怎麼推，您都不答應。過幾天，我打電話去問結果，答案是 OK！一切沒問題！大家又開始放了心、鬆懈了！莫非這是死神的陰險嗎？祂就是不給我們防備的機會。等到正式結果出來，五月二十一日，已是大概兩個月後。我堅持要用車載您去榮總做二次檢查，您一再推拖，最後，總算答應了，榮總當天就查出來胰臟癌轉移肝臟末期。我最近老在想一個問題，您去慈濟兩個月都查不出來，又是怎麼回事呢？我們是不是同時應去找另一家做同步檢查呢？難道這也是命嗎？若在兩個月前就查出來，就不至於像今天不可收拾。唉！現在說這些，又有什麼用呢？總而言之，我沒用，我辜負您！

在這段您出出入入家裡和仁愛醫院的期間，除了您得忍受全身被病魔綑綁的巨大不適之外，我看到了您那不凡的修持，沒有驚怖，沒有惶恐，偶而一些淚水，我知道那又是您在承受重苦時的無限溫柔。老師，您可知我的心有多絞嗎？當我回到家，雖仍

很沉重，至少還稍可緩解，可是偉大的師母，二十四小時守在您身旁。將近七十年的歲月和您牽手，如今要唱起離歌，她的身心疲憊可以想見，這也是我們門弟子所最擔心的。最近看到了她，覺得還好，其實怎麼可能好呢？想也知道，這分明是 "大悲無淚" 啊！老師啊！我們在繁華一場後，就都要回到原本空寂的殿堂裏去的。在那裡，是沒有我們心愛的家親眷屬的，也沒有摯友、門生，在世間的一切一切，都將隨著我們的離去而消失。那麼，什麼是我們還有的呢？當然的，那就是您的精神，您的風範，公而忘私，有人無己。

　　最記得一次，是我去您那拜年後，心血來潮跟您說「哪天天氣好，我開車帶老師和師母去鼻頭角玩一玩，好不好？」當時您立即展露了難得的開懷，一口答應！因為我知道鼻頭角是您的最愛，鼻頭國小裏有著您年輕時的夢。我信以為真，真的選了個秋高氣爽的好天氣邀請您時，您卻說：「沒空！沒空！」我後來才知道，這多年來，老師的生活裡，除了寫作、研究，就是上課、演講，不知啟發了多少走在徬徨的心靈，引導了多少苦苦無助的人們，卻不曾帶師母去任何地方去渡個假，或旅遊什麼的。走筆至此，讓我覺悟到，這場病分明是長期勞累惹出來的吧！老師啊老師，就請您此刻放下對我們的牽掛，放下塵世裏的勞苦，好好的疼愛自己一次，安安靜靜、徹徹底底的休息一下吧！人生這一回，您已是菩薩道上的苦行僧，人間樂活，索然無味，而苦汁酸澀卻甘之如飴。說您是中國書生的最後一筆我不敢說，但絕對可以告慰天地父母了！試問，這個世界裡每個人都要走的這條路，或遲或速，或難或易，又有幾人走的時候，還帶著像您這張漂亮無比的成績單？試問幾人能夠？大家不都汲汲營營自己的產業，照顧好自己的嬌妻美眷幼子金孫的？只有您，不營生計，師大配

的一棟從頭住到老，守道安素，一心只想著的是您千秋事業。慈父、柔夫、良師、益友，您無一不是！老師，學生我以您為榮，您真的要對自己滿意、安慰了！請不要再掛念著哪本書，哪篇章節要再修補，哪個學生的論文不知進行的怎樣了，這次是老天爺強迫您退休，要讓您好好休息的，就請您認真考慮一下吧！

　　如果生命像風，您就是春風一陣，讓我們門弟子在您的吹拂下，個個由小草長成了大樹，然而此刻，風畢竟要停了，任憑誰也阻攔不了，挽回不了，突然留下草原上的我們淚眼凝望風兒遠遯的背影。因此，我們只能喃喃說的是「雲山蒼蒼，江水泱泱，先生之風，山高水長」，您 —— 留下了典型，好讓我們緊追在後，至於那春風孺慕一場，只好留待他年，細數夢痕了！

從瓦器到珍貴器皿

姚　振　黎*

　　那美好的仗我已經打過了，當跑的路我已經跑盡了，所信
的道我已經守住了，從此以後，有公義的冠冕為我存留。

── 使徒保羅

　　1973 年 6 月、中大中文系畢業，留系任助教。暑假前，先到
系中見習，接獲教務處通知：填報新（62）學年專兼任教師名錄
及開課名稱。主任告以：請到師大王更生老師教墨子。當時聽到
的驚喜，至今記憶猶新。因為，早已聽家兄說：老師教我們國文，
要學生到辦公室背〈教條示龍場諸生〉、老師苦學出身、老師令
我們又敬又畏……等等與老師有關之聽聞，使我好奇、欽佩又期
待。

中大兼課　　因此結緣

　　老師在中大兼課三年，每周到校一次；從原先的「墨子」一
科、兩節課，到後來加上「文心雕龍」，連上四節。無論時段自

─────────────────
* 作者經老師指導，67 年通過教育部升等審查。

周三下午兩節、調到周六整個上午，非常幸運地，都得以旁聽。每次將系務預先處理，期盼專心聆聽老師的講授，對畢業後，鎮日在行政庶務、服事師生、人際關係中打滾，多麼難得的學習機會。且不僅在課堂，每周六返家，就和老師搭校車同回台北，當時沒有高速公路，每每遇到縱貫路交通阻塞，一路走走停停，無論學習問題、公務瓶頸、人事因應，甚至生涯規劃，老師都給予個別傳道、授業與解惑。

當時中大沒有中文所，父親希望我去考公職，老師則認為我可以從事論文寫作，並以自身教育行政高考中榜的經驗，若專心論文寫作，老師可以指導我。中大兼課三年後，老師告以：將不再來中大兼課，霎時間覺得茫茫學海，將何所依？「如果你能夠寫成論文，也算是沒有枉費我來中大的時光。」結果，沒有一張公職考照，卻有後來 30 年的典試閱卷，先是擔任襄試，並作為老師選定的襄試，真是何等榮幸！

金科玉律　薪火相傳

27 歲、在中大正式任教，上課前一晚，向老師報告，老師在電話中說：「不教沒有準備的課」，簡短幾個字，影響至今。待見到老師時，老師說：「教不好，是我現在的能力僅及於此；但我一定盡力教好。」直到現在，無論在中大講授「國文科教材教法」，或在大陸為國學師資培育講座，都將老師的金科玉律和學生分享。大凡老師的學生，每次上課，都有如第一次登台（ *debut* ）；即令大一國文，或教了好多年的課程，雖是「一回生、二回熟。」但都重新備課、敬謹從事，宛若齋戒沐浴的態度，因為，老師就是身教、表率；無論墨子或文心雕龍，研究、教材不斷翻新，自

我超越並與時俱進。

在同門中，我既沒有文星的幹練爽俐，也缺少元珍的圓融體貼，無論是劉渼、或美蕙，每位學妹處世都比我練達且善解人意，所以每次去探望老師師母，只會依附淑雲的聯繫與安排，混在一群同門中，但是，老師總是因材施教，對每位學生的特質與現況都甚為瞭解 —— 無論研究、教學，甚至家人、生活，均給予提攜與關心。

1996 年回台後，中大中文辦「問學小集」，排我發表專題研究，並且需要有一位與談人，在選定〈柳宗元教育思想發微〉後，請老師評論，老師不辭路遠，到中大一趟，讓中大學生見識到老師仙風道骨的手采。送老師離開中大時，老師勉勵：「不要太用功；你每天讀 12 小時，只能讀到 60 歲，和每天讀書 8 小時，能讀到七、八十，甚至 90 歲，那一個比較值得呢？」此情此景，和 1978 年、老師受邀至中大中文演講，會後，送走老師時，老師和系主任、系上老師們握手道別時所說：「請多多栽培振黎啊！」老師總是對每一名學生都有源源不絕的叮嚀、提攜、教導與關懷，37 年如一日。

從瓦器到珍貴器皿

受教 20 年後，老師說：「父母使你成人，老師使你成才；當時看你是讀書的料，值得栽培。」學生有如瓦器，因著老師的教導，從中大畢業時，每周以文言文寫作一篇讀書心得報告，繳交老師批閱，雖百忙中，次周見面時發還及指導，經過兩年訓練，到第一本、第二本論文給予題目並進入寫作。當寫作《墨子小取篇集證及其辯學》時，老師說：「如果研究墨子思想，卻沒有受

到墨子影響，所有研究，就是徒然。」當寫作《沈約及其學術探究》時，老師說：「將來可依此擴大研究範圍」。

雖然後來赴美就讀轉至教育學門，未再繼續專研六朝，但是，從成千上萬參考書的閱讀與篩選，應該精讀、略讀、瀏覽……，或作爲先備知識（prerequisite knowledge），即令不同種語文，但對於選定題目、全書結構、寫作方法（methodology）、論文發表，能夠得心應手、得以源源不斷，都因老師不僅餵學生魚吃，且教導了治學方法、研究樂趣、左右逢源、自得的金鍼，使我們深造之以道，且樂在其中，矢志不渝。

老師的用功、勤勉、誠樸、睿智、寬厚、周延，經由調教，也影響了我的價值觀、處世態度，老師認爲是「外圓內方」。老師一直留下了我的聽課筆記，直到去（2009）年教師節、同門聚首，老師仍提及此事，並嘗借《論語・述而》語，評說特質是「臨事而懼，好謀而成。」予以鼓勵。

從 1977 年、第一本論文〈自序〉寫成，送到老師在大屯山邊的舊居審閱，當時站立在旁，老師以紅色墨水筆在整頁畫下大「X」，要求重寫，到 2009 年，參加一師長的告別式後，送老師返家，一路直到家門口的叮嚀「不要太用功」及諸般鼓勵，老師一直穩固堅毅如大樹，也如深井讓我們隨時汲取養分與資源。

更美的事：永遠的師生情誼

老師在病榻，身軀雖是瘦弱，但眼神始終清亮、思緒敏捷如常；言談雖簡短，仍讓人想到：堅毅不撓，真是鐵錚錚的讀書人風骨。

老師歇下塵勞的當天，我從學校趕回台北探望，至晚間八時

餘離開時，仍僅是站在旁邊輕聲喊著老師，師母在旁說：「振黎來看你了！」就如 37 年來，始終被動的等候老師問話、接受指導。次晨和元珍電話聯繫，訴說昨晚最新情況，同門互相傾吐約一小時，始終念著的是師恩，當天下午要到南京大學開會前，準備先去看老師，出門前，接到老師昨晚安息主懷的消息。

　　在南大發表論文，卻一直有「強樂還無味」的哀愁，揮之不去。直到遇見南大中文系的接待教師，其中有研究六朝者，告以讀過我的「沈約」一書，我立即驕傲的說：「是王更生老師指導；我是老師的學生。」該師立即回應：「啊！文心雕龍的大師，可惜我沒有見過。」「老師前晚去世了！」眼淚再也止不住的流下來……。

　　當耶穌在山上變像時，門徒希望不要下山，永遠這樣，享受教誨；同門祈禱老師永遠是我們的大樹、深井，可以依靠，但我們終於「卻仍未得著所應許的，因為神給我們預備了更美的事。」老師之牆宇重峻，而吐納自深。誠如萬鈞之洪鐘，無錚錚之細響矣！

　　我們會在天國相見，沒有眼淚，享受老師永遠的教誨。

再 造 之 恩

吳 武 雄[*]

今年三月初，見老師最後一面。想不到，老師七月就走了。

聽到老師過世，頓覺得天旋地轉，不知所措。老師每天運動，生活單純，而且為人正直謹慎，不會這樣有病就猝然而逝。

九二一大地震，武雄住的大樓倒了！幸運地，我們住的這邊沒倒，但住在八樓，也深深感受到地震的威力，與上天的怒吼。在大里大元國小，睡了兩夜地板，借車回草屯新家。途中，同事來電話，說老師找我兩天，非常著急，要我立刻給老師電話，報告平安。我撥通電話，老師急切詢問，武雄報告老師，家人雖受驚嚇，沒有損傷，老師才放心。

老師對門生要求嚴格，激勵上進。武雄在地震後，家園毀於一旦，心力灰冷，不圖進步，老師突然來電，要武雄參加大陸鎮江市舉辦的第五屆「昭明文選國際學術研討會」，寫一篇文章報名，使武雄死灰復燃。是故，武雄雖大難不死，從此才又恢復生機。

老師七十歲壽誕，王門弟子舉辦慶生會，在酒店餐敘與祝壽

---

[*] 作者為王老師指導，70 年獲碩士學位學生。

後，暢遊陽明山，師徒數十人歡樂一堂。二〇〇七年六月，高雄中山大學中文系舉辦「文心雕龍國際學術研討會」，爲老師暖壽，海內外的學者與老師歡聚，尤其大陸學者許多是摯友，老師不減燕趙英豪雄風。這些聚會我都恭逢其盛，與有榮焉。

　　每次去看老師與師母，我都會帶家人去。記得小兒子五歲時，去老師家，小孩子乖巧好動，極討老人家歡心，老師說家裡很久沒有這麼熱鬧了！老師過世，我和內人去祭拜，竟然看到老師電話簿記載大女兒和小兒子的名字，因爲他們在台北工作和讀書，老師詳細註明是我的子女。

　　四年前，我提早退休，將心力完全投入歷來斷斷續續整理的《論語》內容，題目屢次更改，最後確立書名《孔子智慧實證》，副標題「論語言詮」。然後送給老師審閱，老師評語：「立論正確」，給我甚大鼓勵；我把書送給老師，老師再加上一句：「這個有益世道人心」，真是莫大的嘉許。早在三十幾年前，看錢穆《孔子與論語》與《孔子傳》，即深受啓發，後來又萌生將孔子生平與《論語》給合，至今完成此書，受到老師的肯定，是平生最大的榮幸。

　　老師生於七月，以前五專聯招，我入闈十幾年，十四日出闈，三天作文閱卷後，我就會與家人去看老師。平常時間也都會去，常常都受老師招待吃飯。至老師八十高壽後，我默許每年跟老師吃飯一次，想不到僅三次；本待今年教師節前後，再與老師聯絡，卻晴天霹靂，傳來老師噩耗。痛何如斯！

　　從小我生長在雲林縣非常偏僻的小村莊，是個趕羊餵牛的野孩子，後來考試也不順利，及至身爲人師才知努力，可謂「時過而後學」，考上東海研究所，就更加地努力。在尋找指導教授時，有幸拜見老師，承老師厚愛而首肯。東海交論文在四月底以前，

時間緊迫，我天真地問老師：「武雄能不能畢業？」老師說：「你能把論文寫出來就能畢業。」這是對我正面的鼓舞，但是老師對論文的要求極嚴，所以那一段時間，我早上進圖書館，幾乎到晚上才出來，終於在時間內趕完。非常感謝老師的嚴格指導，使我成為所裡唯一應屆畢業生，第一位上臺領取碩士證書，是老師恩賜的第一個榮幸。這也正是老師對武雄的再造之恩，終身感激卻無法報答的，只能把老師的精神與教誨長存心中，永誌不忘。

堅毅自持的長者

── 追悼吾師王更生先生

王 基 倫*

　　五月間，聽聞王更生先生得了胰臟癌，立刻上網查了一些資訊，知道這種病發現得晚，不好治。剛開始，王老師不願意接受事實，連續看了兩三家醫院；有一段時間還謝絕會客。後來可以接見學生了，也只接見一兩位，大半是學生說、老師聽，一個半鐘頭下來，他說不上兩句話，只是默默地坐在輪椅上，完全失去了往日的光采。他是絕望而無助的；後來食不下嚥，人更憔悴了。沒想到週末安排住院說是打點滴、調養身體，才短短幾天人就走了。

刻苦自勵，個性異於常人

　　對國內中文學界的人來說，王更生先生的大名如雷貫耳，並不陌生。他是國立臺灣師範大學國文學系教授，享譽海內外的「龍

---

* 作者為王老師指導，73 年獲碩士學位學生。

學」專家。他一生鑽研《文心雕龍》，在臺灣師大、東吳大學、世新大學開課授徒，春風化雨，誨人無數。

　　其實王老師的求學過程並不順遂。生逢戰亂，輾轉流離，日子十分清苦。來到臺灣以後，有一段時間白天教書、晚上求學，有時下課較晚，趕不上火車，只好搭深夜的貨車回家。師母祁素珍女士一直是他很大的支持力量，兩人胼手胝足建立家園，直到生活安定，才退居幕後，守候全家人的生活。王老師自我要求極嚴，尤其品德操守，不容被人懷疑，這是從小生活環境使然。他在晚年的《王更生自訂年譜初稿》說到兩件事，都是因為被人懷疑，當下拂袖而去，與人絕交。這麼激烈的性格，會造成一些誤解，有人說他脾氣古怪，難以相處，其實這些都是可以諒解的。

　　王老師離開大陸的時候，正是上戰場的年紀。有一回在課堂上他不經意的說出，小時候的志願是當游擊軍總司令。好一個有志疆場的愛國青年！我讀研究所期間，寄住在大伯父家。不知為了什麼事情，老師忽然打電話來，電話那頭是家伯父接的。兩個互不相識的外省人，一個河南，一個山東；一位現任大學教授，一位軍人行伍出身；同樣用北方官話，有說有笑地聊了許久。過幾天老師還問我，大伯的年紀、官階、談吐等。我告訴他是陸軍總部參謀官退伍，只見老師眉宇間流露出欣羨的神色，還讚嘆了幾句。

　　讀書人有用於世，會是最大的成就。兩年前我登門謁見老師，從家族、師友、門生，談到近日生活概況。老師這幾年來熱衷於詩詞吟唱，我們聊到韓愈〈送董邵南序〉的首句「燕趙古稱多感慨悲歌之士」應當如何吟唱時，老師還不忘情的對我一邊唱、一邊作解說，中氣十足，那聲音笑貌，不減當年。後來談到學問文章，老師又興致高昂起來。最令人佩服的地方，就是他勤於備課，

不論上哪一門課，講課不到三五年，就會有相關的著作問世。他平日注重身體保健，又能利用時間下筆寫文章，執著努力的態度是弟子望塵莫及的。也許是老師年紀大了，心有所感，那天開門送我回家時，他忽然對我說：「世間事一切都是假的，『立言』也是假的。」眼前我的老師，就是這麼一位性格複雜而又富有真性情的老師。

嚴師/慈父，栽成桃李花千樹

　　王老師講解《文心雕龍》的原文，字字深入剖析，毫不放鬆。書本上寫滿筆記，密密麻麻的小字，都是他嘔心瀝血的思考痕跡。雖然有時照本宣科，但是目光常常投射在學生身上。他能注意到學生的反應，遇有字詞費解的地方，總能不厭其煩地解釋清楚。有時也會妙語如珠一番：「劉彥和夢到隨孔夫子南行，來到了江南。為什麼我就沒有這個夢呢？」

　　他要求自己指導的研究生，每年都要來聽他的課。學生越多，講課就越起勁。他喜歡同學發問，有問必答，對自己上課的內容深具信心；儘管有些課去年聽過了，內容重覆了些，但有時溢出課文之外的「神思」，也讓學生別有收穫。因此雖然是半強迫式的來聽課，下課後還是有許多熟面孔圍繞在他身旁。這時他會噓寒問暖，關心學生的生活起居，轉換成「慈父」般的角色。

　　王老師最令人難忘的作風，必然是堪稱全國第一嚴格的論文指導方式了。民國七十年起，他開始在師大國文研究所授課。較早招收的研究生是錢文星、陳邦楨、劉懿君、黃美鈴和李四珍，後來有從博士班才接手的蔡宗陽、郭鶴鳴。他把自己治學甚勤、律己甚嚴的方式，灌注到學生身上。在那個年代，學生的論文題

目大都是老師給的，基本上，沒有什麼討論。老師首開風氣之先，指定學生進行宋代以後的「文話」整理工作，真的很有眼光。他有意建立起宋代以後文學批評的大框架，心中想要建構恢宏的藍圖。

王老師研究過《墨子》、《韓非子》，生活中有其簡樸、嚴正的一面；不過他還是受到《文心雕龍》的影響最深。拿做學問來說，他喜歡凡事從根源做起，正是從劉勰「原始以表末，釋名以彰義」說法而來。我的碩士論文題目是《孟子散文研究》，他頗不以為然，認為應當先寫《論語》較好。當年沒有人從事先秦散文的研究，老師告訴我，就依照《文心雕龍》文原論、文體論、文術論、文評論的架構立章節好了。寫到後來，我認為「評價」和「影響」應該分立兩章，老師只問我：「資料够嗎？」我說「够的。」老師也能接受，讓我放手寫。那時候王老師剛指導過好幾本論文，都是「文話」的敘錄和述評。老師開啟了我的學術視野，使我順利的完成碩士論文，他是我就讀師大國文研究所期間最親近的老師。

寫論文的時候，王老師要求我們一字一句都有來歷，絕對不能信口雌黃。他會逐字逐句的細看學生的論文，可以留下來的地方，一一修改潤飾；不能保留的地方，畫個大XX，整頁刪去，也沒有討論的餘地。每一章修改完後再送審，一改再改，改到老師認可為止。記得前面幾章有改到三、四次的紀錄，後面幾章可能是老師體諒我們要趕著畢業了，有時修改一次就定稿。日後弟子們群聚在一起，常常提起這段往事。

而今，國家圖書館網站登錄王老師指導過的碩士、博士論文有五十五篇，這些學生有人當了考試委員、專科學校校長、系科所主管，更有許多人是堅守崗位的教育工作者。張春榮、廖宏昌、

方元珍、尤雅姿、馮永敏、顏瑞芳等，研究領域各自不同，但是都在學界撐起了一片天；此外，還有許多新秀是值得期待的。

與龔鵬程的一次對話

有一年，在中國古典文學研究會舉辦的「《文心雕龍》研討會」上，王更生老師發表了一篇論文：〈王應麟和辛處信《文心雕龍注》關係之研究〉。這篇論文不長，卻翻找了宋元時期的公私書目的著錄情形，尋訪各書之間的聯繫，再比對王應麟和辛處信二人的注文，從引書慣例、詞義、行文、寫作體例判斷王應麟《玉海》所引的《文心雕龍注》，應該是出自辛處信之手。

坐在台下的龔鵬程舉手發問道：「您這麼用心處理這個問題，在中國文學批評史上有何意義？」

王老師並沒有正面回答問題，只是淡淡的說道：「我研究《文心雕龍》這麼多年，早就把生命豁出去了。只要和《文心雕龍》有關的題目……」他的話沒說完，台上台下早已爆笑成一團。王先生太會打太極拳了！

龔鵬程的提問很尖銳，像要把人家的學問挖空似的。的確也有許多老派的學者，雖然做得是文學研究，卻總是停留在文學考證的階段，把文學當小學，真的不太懂文學。可是我們轉念一想，這些文學考證的工作，不正是後來從事文學研究的基礎嗎？王老師費了這麼大的工夫，只是為了證明某一本書的注解的來源，而且結論是一位大學問家（王應麟）的注解，來自一位名不見經傳的小家（辛處信），這個論點不容易讓人信服。不過，要不是信而有徵，王老師又何必盡心盡力在故紙堆裡下工夫呢！正因為前輩學者下過這麼大的工夫，因此我們可以站在他們的肩膀上，看

得更高更遠，將來思考問題可以更為透徹。王老師並不是在打太極拳，他說得是肺腑之言。

因此我得到了更多的思考：題目不論大小、難易，都有必要進行研究；關鍵在於把一個題目做好，把一篇論文寫好。那些說什麼論文要小題大作、或是大題小作、避開前人已經做過的題目之類的論調，都是胡謅八道，賣弄形式技巧而已。真正的重點在於要能寫出有見地的學術論文。文學考訂的工作，當然也要有人來做。

我生性魯鈍，從王老師那兒體會到的事理不多，只知道老師一生堅苦卓絕，有為有守，憑藉一股不服輸的毅力，筆耕不休，著作等身。他具備令人欽敬的學術界長者風範！就寫到這裡當作一次紀念吧！

智仁勇兼備的龍學大師

陳 光 憲[*]

　　研究《文心雕龍》蜚聲學界的王更生教授，在七月二十九日輕悄悄的離開這片他所熱愛的土地和他摯愛的親友以及眾多的門生。

　　王教授是一位苦學出身的學者，二十二歲跟隨軍隊隻身來台，飽嚐人生的苦難和人情冷暖，但是他卻愈挫愈勇，從小兵、縣政府的雇員、窮鄉僻壤小學教師，刻苦進修，考取高普考，再進修碩士班、博士班，四十四歲榮獲國家文學博士。

　　我與恩師結緣於民國五十九年，當時與恩師任教於台北內湖金面山下的德明行政管理專校，民國六十一年八月恩師接任校長，邀我擔任訓導主任；雖然恩師擔任校長只有一年的時間，卻讓我有幸從老師問學，進入學術研究的殿堂。民國六十九年就讀博士班時，正式成為老師的指導學生，七十四年通過博士論文口試，獲得文學博士學位。

　　四十年來，老師的提攜與指導，讓我深刻的體會到恩師是一位目中有人的智者、心中有愛的仁者、治學嚴謹的勇者。

---

* 作者為王老師指導，74 年獲博士學位學生。

一、目中有人的智者

民國六十一年恩師擔任德明專科學校校長，我追隨左右擔任訓導工作，發現老師是一位治校有方的能手，他常常到各辦公室關懷教職員工，到教授休息室表達感謝與慰問，把學校經營得像一個溫馨的大家庭。他告訴我：「做為一個學校領導人要目中有人，尊重每個人；也要用人唯才，知人善任。要辦好一個學校，最重要的是選拔良師，師資第一，才能成就良好的學府。」

民國六十四年八月，我接任德明商專校長，他告訴我：「做為一個校長要有用人的智慧，無論任何階層的領導人，用錯了人，都會禍患無窮；身為校長，用錯了老師，必然會誤人子弟，因此用人不可不慎重。」

日常生活中，老師常常叮嚀要多親近良師益友，更要目中有人、心中有愛的善待每一個人。

二、心中有愛的仁者

恩師對學生的學業要求很嚴，常常讓學生產生敬畏之心，但是跟老師相處越久，越能體會恩師是一位即之也溫的敦厚長者。

追隨老師四十年以來，每年過年過節，我都會登門向老師請益，並且報告近況，閒話家常，表達對恩師的思念與感謝之意。每次告辭時，老師不但送到樓下，又送到巷口，他知道住家附近找不到停車位，也知道我每次拜訪老師時，都會請內子鐘老師幫我調度車輛，等我辭行時再來接我，恩師一定要等看到了鐘老師，跟內子說上幾句話，才肯離去。去年過年前，我前往拜訪，我發

現老師身體似乎不太硬朗，但他依然堅持要送到巷口，堅持要跟內子道聲謝謝，才肯離去，這種至情至性，令人萬分感動。

四十年的相處，我知道老師把學生當作自己孩子一般的疼愛。他不只關心學生的學業，也關心學生的家庭與健康。多年前，我教導的一個碩士生，很仰慕老師的才學與風範，希望拜恩師為指導教授，老師聽我一說，哈哈一笑：「我現在不拒絕指導女弟子！她就算是你的小學妹了！」老師爽朗的答應了。論文寫作中，女學生發現罹患癌症，老師得知後著急萬分，直到學生病症痊癒，又完成碩士學位，恩師才展現愉悅的笑容，當天的情境、恩師的笑容，一直鑲嵌在學生的心中。

三、治學嚴謹的勇者

恩師學識淵博，生平無論治任何學問，都有點石成金之妙，形之於文字，無論是小品或是長篇著作，析理透徹，字字珠璣，每一篇章都是賞心悅目的佳作。

恩師《文心雕龍》的研究得自本師李健光教授的真傳，又上考群言，旁搜新說，闡發《文心雕龍》的奧義，海內外學者譽之為「龍學大師」實至而名歸。

恩師讀書有「新得」，寫作有「新見」，其教導學生強調要養成獨立思考與研究創作的能力，是一位治學嚴謹的勇者。

日前，眾多老師的弟子在考試院批閱高普考試卷，驚傳恩師仙逝的消息，無不臨風拭淚，哀痛萬分。

哲人其萎，道範長存，凡我王門弟子將步趨恩師之至德，繼承恩師之志業，以弘揚中國道統為己任，敬撰此文表達永恆之哀思。

玉樹不見，雅音已絕

—— 哀悼一代龍學家王師更生

方 元 珍[*]

　　今晨接獲陳松雄主任的來電，得知恩師王更生教授已於昨日七月二十九日夜間十時五十分撒手人寰，溘然長逝，享年八十三歲。雖然這陣子出入醫院探病，已對老師的病情心生不祥之感，但仍無法接受這樣的事實。中午和劉渼、淑雲、光華去台北第二殯儀館瞻仰老師的遺容，不由潸然涕下。老師的面容安詳平和，一如我們平日親炙老師丈前，只是他的身形漸遠，再也聽不到我們對他的默禱祝福！我們心中永遠是聲如洪鐘，健步如飛的恩師，怎麼會是此刻沈睡安眠的人呢？

　　四月底我接獲大師兄郭鶴鳴主任的來電，說是王老師因小中風，請我代上老師在世新中研所「文心雕龍專題研究」的課。五月二日，我即前往老師家探視，老師雖看起來有些氣力衰弱，但氣色、聲調、走路如常，我因此放心不少，想老師因為需要靜養身體，要我暫代，師命難違，幸能不負使命。不料兩週後，卻接

---

* 作者為王老師指導，74 年、81 年獲碩士、博士學位學生。

獲福相的電話，傳來老師罹患胰臟癌的噩耗。這真如晴天霹靂，令人不能相信。繼而，一波接著一波憂喜半參的情況，不但令我們這群門生如行駛於波濤洶湧的船上，時而歡喜，時而惶懼，也目睹老師在生死攸關的煎熬中，堅毅勇敢，從容有序，不改本色的精神特質。

堅毅從容，始終如一

　　老師本無法接受自己罹患重症的事實，尤其因體力虛弱，必須幾度出入仁愛醫院，注射營養針等，我們看到老師抑鬱寡歡，沈默不多語的神態。老師長於規劃人生進程，總以實業家的器識，獨到的擘劃學術研究宏規，病魔的不期而遇，使老師醞釀多年，有待完成的研究計畫，如「文心雕龍學譜」、「文心雕龍行文體例研究」等必須中斷，心有餘而力不足，雖然老師不多說，這絕對是老師心中深沈的遺憾！惟不到半個月，再見老師，由他口中所說：「死生有命，富貴在天」，我們得知老師心裡的鬱結解開了，已能調適接受，並且積極地面對殘酷的事實。老師和家人拒絕了醫院積極性、侵入性的治療建議；我們去看老師，也從未見到老師有痛苦的表情和呻吟，和其他癌症患者相比，老師真是堅毅的勇者啊！

　　老師有讀書人的傲骨，生性不喜勞煩別人，凡事總是井然有序地預做準備，即便是病中也是如此。不但有關他的《年譜初稿》在八十壽辰時，已經自訂完成出刊；我也曾在老師的書房，親睹老師架上保存的所有指導學生的單篇論文、專著，而且是垂手可得。老師在病中，還不忘親筆寫信，給我和世新中研所的同學，說明他無法完成上課諾言的原因和心願；並囑託文史哲出版社彭

正雄先生為他校對《孫詒讓先生之生平及其學術》(由花木蘭出版社出版)；連老師著作全集的出版，也已預為籌劃。其他諸如和師母一起遊訪舊地、規劃後事，老師都一步一步地安排就緒。雖然和時間競賽，身心都飽受苦痛，但老師仍從容地做完對自己人生最後的規劃安排。如此自律、自重的老師，令人心痛不捨，也令人敬重追思！

龍學研究，迭創新猷

　　老師除了以身體力行的德範，不言而成蹊；也以全年無休的精神，經營教學、研究的生命事業。他歷任台灣師大、中央、淡江、東吳、世新大學等專兼職，明瞭每位學生的特質、狀況，關心、支持學生的各個層面，學生邀請他演講、發表論文、講評等，老師總慨然允諾，再遠都去。因此，老師像一個太陽，吸引著指導過的學生，以孺慕之情，環繞在老師的周圍，以他為治學典範、精神軸心，長達數十年，無一日相離。而老師在學術研究上的卓越貢獻，在台灣、大陸、日本、韓國等地，更有難以比擬的影響力。41 本專門著作、225 篇單篇論文，兼括經學、子學、文學理論、唐宋散文，奠立老師學術研究上難望其項背的成就。尤其對文心雕龍的研析，歷時四十一年，精研駁議，迭有創獲，其中他對《文心雕龍新論》中〈王應麟和辛處信文心雕龍注關係之探測〉一篇最為滿意，為老師的新發現。在文心雕龍教學方法方面，則見老師首創圖表講解、吟誦文心並行，為他獨到的特色；並撰寫導讀、讀本、選讀等系列著作，用心良苦地為文心雕龍的研習完成奠基工程。對「文心雕龍研究」展開全面性、系統性、分門別類的研究，老師洵可說是兩岸一代龍學大家，再現了劉勰著作「體

大思精」的卓偉。

　　泰山其頹，哲人已萎，頓失恩師，吾人將何所安仰倚恃？老師已安息，褪下災厄離苦，尊榮地完成他對自己、對別人、對文化傳承開創的使命。而未來的路，玉樹不見，雅音已絕，老師將是我心中一盞不滅的指路明燈！

那一年我們在高雄西子灣舉辦
《文心雕龍》國際學術研討會

廖 宏 昌[*]

　　那一個夜晚我還在考試院閱卷，空大方元珍教授來電告知老師走了，頓時腦際一片空白，考生嘔心瀝血的真知灼見，竟然不識一字，於是趕緊收拾細碎，匆匆離開。公車是否忘了發車，或是到站我無視它的到來，祇好穿越世新大學，一路踱到臺灣大學，也忘了從那個大門進出，竟然走進了和平東路二段 118 巷。此刻腦際纔突然清醒，老師已經沒有在家，是否能夜訪師母？而熟悉的和平東路行人道上有着二位師生並肩散步擘畫「2007 文心雕龍國際學術研討會」的身影，仍依稀如在目前。

　　2006 年夏臺灣學界爲慶祝王更生教授 80 歲壽誕，由郭鶴鳴、蔡宗陽、顏瑞芳、呂武志、劉渼、方元珍、浦忠成、溫光華、廖宏昌等諸位教授發起「2007 文心雕龍國際學術研討會」，並委由高雄國立中山大學中國文學系廖宏昌在高雄籌辦。個人不勝惶恐，膺此重任，幸蒙國立中山大學文學院林慶勳院長、中文系劉

＊ 作者爲王老師指導，74 年、81 年獲碩士、博士學位學生。

文強主任和諸位同仁之首肯，將會議之規模及形式交由個人全權處理，讓個人有充分的揮灑空間，實無任銘感；而爲了擴大地域之影響規模，於是尋求國立花蓮教育大學中文系林明珠主任、花蓮慈濟大學東語系徐信義主任、國立臺東史前博物館浦忠成館長、國立臺灣師範大學國文系王開府主任的支持，終於能順利地於 6 月 2 日至 5 日在高雄、花蓮兩地三所大學舉行，感懷之情，溢於言表。兩岸、港、澳、美、日學者之熱烈響應並撰文與會，自是會議成功的關鍵，然而缺乏高雄道德院、張敬國學基金會、臺北文史哲出版社之共襄盛舉、出錢出力，會議必不順遂，藉此個人也特別感謝三清太乙宗師、林中明董事長、彭正雄董事長；唯如會議幕後之神經中樞王更生教授，亦如其他學者提交宏文，會議場上更是神采奕奕，高談闊論，爲學術界樹立至高無上的榜樣，竊以典範夙昔，吾輩小子，誰敢怠慢？

　　猶記大學四年，與三五同儕，絕像現今年輕的追星族，到處打聽各大學權威教授上課的時間和地點，帶著虔誠朝聖的一顆心，無遠弗至，也從不過問教授是否願意接受旁聽，大大方方，儼然一付教授虧欠吾人是也。臺灣師大、臺大、政大、淡江大學、東吳大學等，印象中是最常落腳之處。1980 年秋，吾人又將雙腳涉入外雙溪，慕名的是當時在東吳大學兼課的師大國文系王更生教授，其「文心雕龍」課程，在大學間名聞遐邇，只見王教授在課堂中談笑風生，古代的詩文理論批評已化爲簡易的概念，瞭然於胸，在周遊列國的旁聽生涯中收穫最豐，卻也意想不到從此與文學理論結下難解之緣。1982 年順利考進研究所碩士班，終能跨校如願拜入王門，資質駑鈍，尙蒙吾師不棄，終能完成論文《六朝文筆說析論》，雖非以《文心雕龍》爲題，然亦攸關於魏晉六朝文壇之相關議題。

　　1985 年夏取得碩士學位，旋即考上博士班，1987 年役畢方能回到校園繼踵求學之路，此間又有機緣將視野延伸至詩話領域，竊以爲同門師兄講論《文心雕龍》既精又實，啓齒論列，誠惶誠恐，唯如詩話亦傳統文論之一枝，非稍窺《文心雕龍》思精體大之論，欲入其室，尚不能得其鎖鑰，焉求竟其功乎？因以《葉燮文學之研究》爲題問學於吾師，唯其論題不能盡吾師之期待可知，吾師除以異類之目光相待外，或亦祇能祈求個人之造化。1993 年春順利通過學位口試，取得博士學位，並於夏天受聘於臺中逢甲大學中國文學系，主任黃敬欽教授即命以「詩話專題研究」講授於碩士班，此開臺灣中文學界講授詩話於研究所之始也。

　　1995 年夏得受業師林慶勳教授之引薦，受聘於高雄中山大學中國文學系，「詩話專題」仍延續在研究所開課。2000 年冬，教育部核准國立中山大學文學院設立「清代學術研究中心」，目的在於延續擴大推動中文系長期絜根於清代學術研究的規模與理想，並委由吾人兼任行政綜理業務，至 2004 年夏請辭行政，凡舉辦過二屆清代學術會議，學界交流層面及規模皆有所展拓，其間更步出西灣隧道、踏過哈瑪星、跨越高雄縣市走向民間，與新營太子宮合辦「第一屆哪吒學術研討會」，與高雄鳳邑赤山文史工作室合辦「2003 曹瑾學術研討會」，會後皆將論文正式出版，真實地伸展中心的觸角，慢慢地擴大學界的影響力。

　　跟老師頻繁互動是 2000 年後的事了，除本次文心雕龍國際學術研討會外，老師還南下參加個人籌辦的研討會共 4 場，場場提交論文。而文心雕龍國際學術研討會也是個人循清代學術研究中心之經營模式加以運作，幸能得到國立花蓮教育大學中文系林明珠主任、花蓮慈濟大學東語系徐信義主任的熱烈參與，將一場盛會分三校舉行，讓文心雕龍議題的研討由高雄延伸至花蓮，也讓

海外參加的學者飽覽東臺灣風光和世界級太魯閣國家公園的鬼斧神工，此種會議形式和規模，都是中文系成立以來不曾有過的。

文心雕龍國際學術研討會共宣讀 41 篇論文，切磋琢磨，論辯學習，大師富大師的風範，後學有後學之懇切，熱烈之中不乏真理的探索，激論之中且具自我的反思，孔夫子「共學」之理念，已在 3 校 12 場次之研討間流露無遺。該會議尚特別邀請鎮江市歷史文化名城研究會錢永波會長、鎮江圖書館任罡館長及鎮江圖書館彭荷成副研究員與會，因為設在鎮江圖書館的文心雕龍資料中心，不僅規模已具，戮力多時的文心雕龍全文數據庫單機版光碟也即將問世，藉此機會向國際上研究文心雕龍的學者報告佳音，實屬必要。王館長與彭女士在大會上即分別以鎮江文心雕龍資料中心為題，從不同側面論述中心成立之構想及企圖心，無論新知或舊識皆為文心雕龍能有此研究中心感到驕傲和欣慰，而獨具隻眼鼎力奔走於各界以促成中心成立之幕後功臣，正是錢永波會長，對其深耕本土傳統文化優勢之伯樂性格，實有足為外人道也。

吾師王教授除《文心雕龍》養成教育對吾人專業培養有莫可言喻之意義外，其內方外圓之性格特徵，雖夙昔典範，難能企及，乃今百未盈一，猶有所待。適逢吾師八十歲壽誕，能擘畫籌辦「2007文心雕龍國際學術研討會」，自是畢生難逢之機緣與福份。誠摯感謝吾系劉主任及同仁之寬容，也謝謝王門師兄弟的抬愛，大會雖乏祝壽之名，乃有祝壽之實，雖經費募集不易，午夜夢迴，焦慮難寐，時而或有，竟至浮現輟棄籌辦之念頭，唯如慮及大會意義非凡，尤其是對吾師以《文心雕龍》研究為職志之學者言，自是欣慰莫名，如此中輟，又有何顏面見吾同儕；隨著時日逼近，新朋舊識，齊聚一堂，卻如雨過天青，乃不知昔日眉頭何以不展？會議除共同的議題外，溫馨的晚宴中，彭董事長細數與吾師之深

摯情誼，感人肺腑；東台灣浦館長偕同原住民朋友的天籟之聲，且將餐廳當山谷原野，至今仍迴盪耳際，非慶祝吾師壽誕，鄒族王子或不至於放下身段；而吾師也大展歌喉，一曲「水調歌頭」，聲情俱佳，不啻專業歌手，諒大蘇為之動容，小鄧也必為之驚聽耶！晚宴也在吾師歌聲中不捨的暫告一個段落，而此次會議終將是個人 2002 年以來籌辦 12 場各類型研討會中最具意義之一場。

翻開折疊的生命風景

陳 素 英[*]

　　四月十一日交論文紙本前，您打電話來說，正猶豫要不要去
體檢，您說：「檢查要口中含碘，注射顯影劑。」我說：「老師，
如果只是單次的，那還好。」您說：「不想讓那些亂七八糟的葯
進入身體。」我說：「若老師覺得身心都沒準備好，可以考慮暫
緩檢查。」感覺您語氣裏有萬分的焦慮，我也壓低了聲音。

　　之後，您便不像之前，過一陣子便來問問，關心我論文的進
度，或者侃侃而談您的胃不舒服；而我想追問，不是電話無人接，
就是說您已休息。我試過一般的日子、假日、早上、晚上，好不
容易在某日晚間接通了，我問：「老師您身體怎麼樣了？電話為
什麼那麼小聲？」您吱唔著：「你看我怎麼樣，不都是一樣的嗎？」
「老師我很擔心，因我們生病時，您都問候我們，老師若有需要，
我們幫老師掛號。」你淡淡的說：「跟家人商量。」「老師您的
聲音怎麼跟以前都不一樣？」「當然和站的姿勢都有關係。」「左
腳呢？」「左腳癱軟。」我聽到無力感的不只是腳，是整個人的
精神。

---

[*] 作者為王老師指導，74 年獲碩士學位學生。

　　六月三十日，我交出初審後修正稿，在走廊上逢陳老師，問他小中風是如何好的？以便告訴老師您。他便告訴我一切，小中風已是小事。我回來後立刻想去仁愛醫院看您，欲約學妹同往，陰錯陽差，您已回家。

　　七月二十日，口試前修文稿，電腦上因換字碼出一「死」一「歹」字。七月十三號參加黃友棣老師喪禮，七月十九日參加商禽先生告別式。七月二十九日商禽的紀念追思會朗誦〈地球背面的陽光〉，下午去捷運站時，不知為何左腳絆到右腳，七月三十日想再去醫院看您，不料傳來您已病逝的消息。

　　猶記今年七月二十四日，我帶著一卷九十七年您生日與顏先生聚餐的錄音帶去看您，您已插著鼻管，口能不言，但一聽到當時您吟誦《詩經‧鹿鳴》迎賓的錄音時仍發出嗯嗯的聲音，您蜷曲著身子，右眼睜開一線眼角懸一滴淚，左眼緊閉。七月二十六日，淑雲、元珍、美蕙都在場，且喜您睜開了眼睛，然而一切倏忽都隨那次的合眼戛然而止。想再跟您說：「老師，謝謝您要我放下一切，務必畢業！老師加油！」記得上一次碩士畢業時，您在香港隔著越洋電話囑咐我「記得要服裝整齊」。

　　翻開您的《王更生自訂年譜初稿》，驚異您把學生都一一納入年譜，並且留下種種記錄，是啊！也曾隨您去漢聲廣播電台參與文藝橋。多年後，也有機會製作詩詞古典的新聲有聲詩歌系列，並受邀到華視空大錄北宋詞選的片頭演唱。前兩年新買了錄影機，想把您上課風采記錄下來，但陰錯陽差沒錄到，您已自師大退休。您說您朗誦時愛胡琴襯托，但我已多年不吹笛拉琴。我只有用電腦土法練鋼，配樂朗誦您自訂年譜中的幾段：「年幼思家」「爸爸叫我記帳」「我又情不自禁地流下兩行熱淚」「三個年頭的艱辛歲月」「向百年樹人的大道，去散播教育的火花。」沒想

到您說還要一段「媽媽的眼淚滴在我的手面上」，我漸感覺您已變成學妹口中的聖誕老公公。但在我心底還是很怕老師的，歷來對您都是閃閃躲躲，直到我勇敢的拿起電話，卻再也找不到您了，粉碎了健步如飛，至少可活百歲的夢想。

　　打開書，總想起您第一堂課吟詠著《文心‧序志》：「夫文心者言爲文之用心也，心哉美矣，夫故用之焉。」語調燕趙慷慨，鏗鏘有力，停頓之後「古來文章以雕縟成體，豈取騶奭之群言雕龍也？」又疑又問又讚又嘆。然後斬釘截鐵「歲月飄忽，性靈不居，騰聲飛實，制作而已。」一聲聲傳出「天行健君子以自強不息」的迴響。不知爲何我的思緒駛入了您早年在海濱上夜課往返的列車，生活如此的奔馳，夜色如此深沉，卻又如此堅毅，義無反顧，勇氣直前，不知您爲我們大學畢業餐會唱的漁光曲「天上旭日初升…男的不洗臉，女的不擦粉…搖盪著漁船搖盪著漁船，作我們的營生。」悠閒曲調背後，又涵融（南方澳海濱教學）生活幾多艱辛？不知您病中最後驅車前往東北角時，海風是否都吹起這一頁頁，沿岸折疊的生命風景？我想盡辦法將之收納成一首小詩，且納入海天的遼闊中。

火　光

　注定背負天涯之旅的行囊
　筆記本賬本已記不清所有的閱見
　猶盛載兒時滿滿的記憶
　奔跑在河南古城牆之隅
　遠處傳來親人的呼喚
　菜園後的池塘倒映著來去的小小蹤影

幾度在一縷青煙的氛圍中
欲展翅高飛
叵奈
天涯海角的漂流木
夜半汽笛的煤煙
總讓人不辨東西渡頭

教室的這頭
生活的那頭
時光穿越一節一節的車廂而逝
運煤車頭裡有我攀越子夜的履痕

報紙的頭版初露一線奮鬥的曙光
熱淚流淌過天無絕人之路的橋邊
艱辛與奇遇是下課鐘聲裏一對知己
教育的火花
是桃源裏綻放的光
矢志終生　藉此取暖

　　讀王師更生自訂生平年譜紀要部份，火光取義《莊子·養生主》末章
指窮於為薪，火傳也不知其盡也。

老師再見

尤雅姿[*]

　　民國九十九年七月二十五日晚上，我獲悉老師臥病住院，第二天急忙前去探視，一進病房，看見老師孱弱地昏迷著，我止不住傷心的哭了，師母說：「不要哭，老師擔心同學們大熱天裡奔波，都不讓知道……我會好好保重自己，妳就先回去吧…老師也不會起來跟你說話了。」老師不跟我說話，當了他二十七年的學生，老師從來都不會不跟我說話，即使犯錯惹他生氣了，他也要用河南國語來訓我話……七月三十日下午結束了試務工作後，我再前往醫院探視，大雨滂沱，雷聲隆隆，車行經過和平東路的巷子口，雨幕茫茫，大樹下左轉進去就是老師家了，……他彷彿在揮手向我道別。

---

[*] 作者爲王老師指導，75 年、80 年獲碩士、博士學位學生。

追憶雕龍泰斗更公與我的師生情緣

呂 武 志[*]

　　「更公」是學術界對王老師的敬稱。對我們學生來說，他不僅是一位獨立研究、自立更生、著述不斷的學術尖兵，更是一位時時關懷後進的長者。在教室，學生常常陶醉在他的古典詩詞吟唱，餘音繞樑，如沐春風；但只要談到學術，尤其是面對自己指導的研究生，就很難永遠慈祥。因為教室，是他傳道授業的處所；學術，是他安身立命的事業。對我們做學生的來說，身心經歷的常常是秋風颯颯，甚至如寒冬充滿蕭殺之氣。

　　我開始接觸《文心雕龍》，是在就讀台灣師大國文系的時候，大三修老師的課，上學期還戰戰兢兢、用功背書，結果成績得八十幾分，下學期掉以輕心，悠悠忽忽，以為《文心雕龍》談的畢竟是舞文弄墨之事，當然可以寫些風花雪月；最後差點被當掉。及今回想，是當時我還把「university」當作「由你玩四年」！不懂得研究《文心雕龍》須落實原典；考前沒有熟背幾段原文，紮紮實實地引證申論，會嚐到苦頭。大學畢業後，我返鄉在澎湖縣西嶼國中教書，為了準備研究所考試，冬天頂著東北風，在等到

* 作者為王老師指導，77 年、82 年獲碩士、博士學位學生。

學校的公車亭上背誦《文心雕龍》，記得最多可以熟背十七篇，
占全書的三分之一，也算是年歲增長，緬懷大三，認真「讀書補
過」吧！民國七十三年報考母校國文研究所碩士班落榜，老師特
別寫了一封親筆信勉勵我不要洩氣，明年一定會「雁塔題名」。
大概是疼惜我從大學部畢業多年，困居海島，參考資料短缺，有
一次竟然帶著厚厚一本大陸出版的《中國文學史》資料赴影印店
影印，在那個年代，擁有大陸書籍是違法的，可能會被扣上罪名。
老師他怕資料流出去，竟等在影印機旁一個多小時，直到印妥；
他寄到澎湖給我，沒有多說；直到許多年後才偶而談及，回想當
時，真令我感動莫名！他是我的恩師，他是我的貴人，也靠著老
師協助和鼓勵，次年果然考上碩士班。讀了三年，接著博士班，
又讀了五年；八年的研究所生涯，不斷在老師的課堂中聽講《文
心雕龍》，每年選修的學生換了又換，不換的只有旁聽的我。決
定碩士論文題目時，我懇求研究《文心雕龍》，老師不肯，他說
《文心雕龍》研究的人太多了，很難出頭，要我研究古典散文，
我不敢違命，後來寫了《唐末五代散文研究》。論文定稿前，為
了一個章節標目，我和老師稍稍「據理力爭」，老師那天大概心
情不好，頓時拉下臉來，把我痛罵一頓；平素我是個像鱷魚不會
輕易掉淚的人，竟也止不住泉湧的淚水，心想怎麼辦？老師不理
我了！後來到老師府上道歉，師母一看見我，就很和婉地安慰我，
老師也原諒了我。等論文完成印妥，在口試前先呈給老師過目，
沒想到老師竟面露欣慰，稱讚我：「這是一部『無中生有』的著
作！」那不是貶辭，而是欣慰我彌補了中國古典散文史當中，那
一段一百二十年的空白，因為「唐宋八大家」的研究，從中唐韓、
柳，到北宋歐、蘇、王、曾，其間懸隔著晚唐五代干戈擾攘之際，
古文不絕如縷，到底承傳的脈絡如何？之前既沒有專著，各種《中

國文學史》亦罕有談及。所以老師很高興我能補足這段空白。民
國七十七年，我獲得碩士學位，旋即以第一名考上博士班；看到
榜單，我迫不及待打電話向老師報告，結果老師已先一步得到消
息，聽得出他是壓抑住喜悅，卻只用平靜的口氣恭賀我，要我繼
續下一階段的努力，算是滿意學生沒有辜負他的期望吧！當月我
同時獲選爲國文系助教，沒多久，國文系就搬遷到新建完成的文
學院大樓；當時系上分配教師研究室爲兩人一間，有些資深教授
希望和他同室，老師都加以推辭；我不敢抱希望，沒想到老師竟
答應我這位最資淺助教兼學生的卑微請求，我知道老師是希望利
用朝夕相處，對我多多教導和提攜吧！那是基於他對學術傳承的
崇高使命感。記得當時老師每週來上兩天課，上課前二十分鐘，
他到了研究室就敲敲門；而在那之前，我已經倒數計時，屏息以
待，聽到腳步聲，即快步趨前開門迎接老師，爲老師倒杯熱開水，
等到老師坐定，我侍立在旁，聽他教誨，沒有師命，我還不敢坐
下；心中謹記著老師在課堂上所提過的「程門立雪」。到了該決
定博士論文題目的時候，我再度向老師請求以《文心雕龍》爲題；
心想這次應該沒問題！結果老師說：「你已經寫好了唐末五代散
文，應該再向前推溯到晚唐。」我雖然失望，還是從命寫了《杜
牧散文研究》。博士論文進行期間，最難忘的是有次爲了紓解壓
力，在研究室邊寫邊聽收音機電台音樂，老師剛好進來，聽到了，
忽然頗有感慨，他說：「我以前寫論文的時候，一天只吃兩個白
饅頭，配白開水，什麼都沒有！」我悚然一驚，趕快把音樂關掉；
從此研究室不敢再放收音機，每週固定兩次，一定先行整理書架，
且打掃得窗明几淨。

　　最深刻的記憶是在課堂上，有一次，老師到教室坐定，就當
著全班同學，把我喊到前面；他把我上禮拜呈交的論文稿重重地

擱到桌上，高聲說：「我到現在才知道你那麼沒頭腦！」我已經
忘了他數落多久？只感到頭腦空白；也忘了他的臉色有多沉！當
時只覺得無地自容；因為我雖然是個博五生，畢竟也快四十歲了！
後來回家慢慢細想，才「頓悟」出自己寫作的盲點；沒有老師的
醍醐灌頂，我永遠執迷不悟，更談不上成長。還記得那一次，回
到座位不久，前座的春榮學長（現任國立台北教育大學教授）往
後傳來一張紙條：「武志：老師是愛之深責之切，別難過！」得
到博士後，升副教授，每週該上的九小時課之外，我還是照舊旁
聽老師的課。有一次，忠成學弟（曾任台北市立教育大學教授、
行政院原住民委員會副委員長，現任考試院考試委員）又在課堂
挨罵了，苦著一張臉回座，換我傳給他一張紙條：「忠成：老師
是愛之深責之切，別難過！」忠成飛黃騰達後，有次在麵攤吃消
夜碰到我，還說：「學長！沒有老師像鐵匠一樣的錘鍊，就沒有
今天的我。」熬到民國八十五年，歲數已老大不小，才終於獲得
老師首肯，讓我「染指」《文心雕龍》，我用了三年的工夫完成
《魏晉文論與《文心雕龍》》而順利升等教授。一路走來，意志
雖堅定，卻一波三折；《文心雕龍》終究還是成為我的學術研究
重心；做學問就像「源泉滾滾，盈科而後進。」老師先前的壓抑，
含藏著學生很難了解的苦心。此後，我依然出現在老師的課堂，
百聽《文心雕龍》不厭，有一次，老師剛進教室，就把淑雲學妹
（現任國立台灣師大國文系講師）喊到前面，又是歷史重演，把
她的碩論稿重重地擲到桌面，痛責一頓；原因是學妹進度太慢，
老師擔心她不能及時提出口考。在忙忙碌碌的學界中，哪有老師
能關心學生學習歷程和論文寫作到這種地步？學妹畢竟是情感比
較脆弱的女生，回座後頻頻拭淚；老師愈講愈氣！氣氛凝重到了
極點。在以前，我絕不敢出聲！這次突然想到我已經是一位教授，

膽量一壯，沉穩地走到最前排，輕拍學妹的肩：「到廁所去洗把臉！」她這才敢動，走出教室；而氣氛也有了轉圜。

　　跟隨老師學習古典散文、國文教學、《文心雕龍》三十幾年了，我由一位年少輕狂的大三學生，到幡然改悟而苦讀的國中教師，接著碩士、助教、講師、博士、副教授、教授、退休教授；這一路走來，深知老師對文化的關心和學術的專注，他關愛學生如同子女，常說：「『學統』比『血統』更重要。」記得在老師七十大壽慶生會上，福相學長（現任國立台灣師大應用華語文系教授）用戲謔的口吻歌頌老師獨創了「摧殘式教學法」，我們在座的師生相顧而笑，和樂融融；沒有老師嚴格的教導和督促，那有我們學生今天差堪告慰的成就？

　　泰山其頹，北斗星沉；王老師畢生服務於國立台灣師大國文系，退休之後，仍在世新大學中文研究所講授《文心雕龍》，直到兩個多月前病重才停止授課；說他盡瘁於《文心雕龍》學術也不為過。三年前，他已八十歲高齡，本想急流湧退，辭去世新的課；哪知道剛接棒的中文系主任正好是自己的得意門生，也是同門所敬愛的鶴鳴學長（台灣師大國文系退休教授，當代散文家，所撰〈幽幽基隆河〉曾收入高中國文課本。）老師斟酌再三：怎能不捧自己學生的場？年紀再大，也只好打消辭意。這是老師對學生恆久的關愛。他以研治龍學之專精，獨步國內，享譽海內外，在學界聲望崇隆。著作如：《文心雕龍導讀》、《文心雕龍讀本》、《文心雕龍管窺》、《文心雕龍新論》《重修增訂文心雕龍研究》、《文心雕龍范注駁正》等，暢銷風行，啟導後進，在龍學研究的領域拓展方面評價極高。已故的大陸雕龍學者牟世金教授推讚他是「台灣龍學第一人」；這是海峽兩岸，乃至港、澳、日、韓、美所有龍學界的公論。他指導的碩、博士多達六十人，目前在國

內外各大學擔任教授、副教授，講授「文心雕龍」、「唐宋散文」、「國文教學」、「修辭學」等重要課程；堪稱桃李滿天下，人人各有成，這都是老師嚴管勤教的結果。這樣一位身體最硬朗、精神最矍鑠的健者、勇者，沒想到竟然受到病魔的突襲，而在前幾天不幸撒手人寰，留給學生的是擦不盡的悲淚；留給海峽兩岸乃至於全球龍學界的，是一片錯愕、無限惋惜、萬分沉痛！老師的親切，初次見面的學生一定深有同感；老師的和藹，熟識的親朋故舊也一定深有同感；我忝爲老師的「入室」弟子 ── 在他數十年學術生涯中，唯一長久同處一個研究室的門生 ── ，對那刻骨銘心的關愛、娓娓不倦的教誨，將永誌不忘！至於他嚴以律己，把學生當作自己學術生命的延續而嚴格指導的點點滴滴，沒有說出，外人是永遠無法了解的。我追憶師恩，也永遠記住：我那像秋霜般嚴肅的老師、我那像春風般和煦的老師！

新 詩 二 首

蔡 宗 陽*

（昔日）王更生教授八旬壽慶　受業　蔡宗陽　敬賀
　　　　更事三長兼德劭
　　　　生龍活虎更年輕

（今日）王更生教授　千古詩　受業　蔡宗陽　敬輓
　　　　〈山高水長〉
　　　　王師其才其學其識其德
　　　　　　如山高水長
　　　　　　如海深江大
　　　　　　　　大仁
　　　　　　　　大智
　　　　　　　　大勇
　　　　　　　　　勇往直前
　　　　　　　　　　前往
　　　　　　　　　　　極
　　　　　　　　　　　　樂
　　　　　　　　　　　　世
　　　　　　　　　　　　界

* 作者爲王老師指導，78 年獲博士學位學生。

更生自強
　　不息
　　　　如孤松佇立
　　　　　　在高崗上
　　　　凄風苦雨
　　　　春風化雨

　　雨中蓮花
　　　　花開見佛
　　　　　　佛光曌爤
　　　　　　　　湖
　　　　　　　　光
　　　　　　　　山
　　　　　　　　色
　　　　　　　　色即空
　　　　　　　　空即色
　　　　　　　孰是色
　　　　　　　孰是空

生命的學問
　　　學問的生命
　　　　　　如有源頭
　　　　　活水來
　　　　　　來源滾滾
　　　　　　　　似學而不厭
　　　　　　　　似誨人不倦
　　　　　　　是仁者
　　　　　　也是智者
　　　　　仁且智是聖人

乘雕龍而仙去，留文心於天地

浦 忠 成[*]

　　驚聞老師仙逝，內心除了傷痛與萬般難捨外，腦海浮現的是老師在課堂上以粉筆在黑板寫下授課要旨、逐一點名學生回答問題、以河南腔調吟唱詩文、用簡單線條畫出淡描的意境、師大川堂行走的高長身影、聚集學生餐敘之際充滿溫暖與慈祥的淺淺笑容……這些都隨著老師大行而不能再現，卻將永遠留在心海。

　　民國 75 年在師大國文研究所「勇敢」選修老師的「散文研究」後，就與老師結下師生之緣，說「勇敢」，是因爲當時所上學長姊都傳言並叮嚀：莫輕易選老師的課！因爲老師講課嚴肅，要求嚴格，一個不小心，就會遭「死當」。由於對散文、古文的特殊興趣，我仍然選了，也因此跟隨著老師的權威科目「文心雕龍研究」旁聽多年。後來發現，老師嚴格歸嚴格，但是博學多聞讓課堂的學習變得充實與興味無窮，最令人歎服的是老師會擇取所授內容最重要或易遺忘者吟唱，藉此讓學生得以加深印象，並有更多的體會。由於長期追隨與學習，獲得博士學位後，到花蓮師院語文系任教，擔任中國文學史、歷代散文、文字學等課程的教學，

---

* 作者爲王老師指導，78 年獲碩士學位學生。

都能得心應手，深獲學生喜愛，偶而借用老師常用的手法，也能提升學生們的學習興趣；而過去在課堂上的現場寫作與老師的批校與激勵，更讓我在文筆的撰述上維持長久的興味。許多受教於老師門下的學生，大概都同意老師在指導論文的過程是最嚴格的；當時我撰寫《穆伯長及其詩文研究》，除了要抄錄穆伯長所有的詩文作品外，即連其在史傳上零星出現的資料也都要抄寫下來；起初覺得麻煩、不必要，等總算完成了，赫然發現「抄讀」對運用資料的功效；論文寫作中定期要請老師審閱，地點就在老師住所，當時電腦尚不普及，仍用 600 字稿紙書寫，老師若查覺一頁稿紙內有錯字、誤引或表達文意有不妥者，往往由稿紙對角線劃一紅色叉字，表示全頁作廢，回去後就要重新寫過。這樣雖然費事，卻也養成日後謹慎為文的習慣。這些體驗在宗陽、鶴鳴、基倫、春榮、武志諸位師兄言談中都獲得證實。等到完成碩士論文，老師春風般的笑容再現，而學生們過往的緊張舉止與窘迫情狀，都成日後追憶的笑談之資。

　　自師大國文所畢業後，適台灣本土文化日受重視，我也深感原住民族文化遭受漠視已久，決定回頭研究數量非常龐大的部落口傳文學；在稟告老師後，乃赴中國文化大學中文所報考，錄取後選讀甫由國外返國的金榮華教授開講的「民間文學研究」，並大量閱讀人類學、民族學與民俗文學相關書籍，這是學術方向要轉折必須的預備，但之後，跟老師相處與親炙學習的機會漸少，只在教師節聚會時得以與老師及師門歡晤；僅管如此，回頭研究自己民族的文化、文學，由於先前在中國文學領域的沈浸歷程，使我得以大體了解漢族的生活與知識，在擁有可以比較、借鑑的系統之下，很容易深入掌握不同民族的文化模式；所以之後的研究與教學可以說是往返於原、漢，而從容優游其間，所以相較於

許多學術人，我這樣的經驗是得天獨厚的，所以我深深感激年輕歲月在淡江大學中文系及師大國文所教過我的老師，而老師尤其是讓我一窺學術堂奧的恩師，因之去歲末出版約七十萬字之《台灣原住民族文學史綱》一書，書首頁即將該書敬獻老師。

　　我出身於阿里山名為「特富野」荒僻的鄒族部落，是老師門下唯一的原住民，夢中不曾想過能到台北唸大學、進研究所，獲得博士學位，進入大學工作，擔任系所主管、博物館館長、政府特任官等，至此回首，方知回報師恩太少！尤以老師已然仙去，欲再追隨，聆其音聲笑語亦已無由。近年來除了教學研究工作，行政事務總是纏身，難能拜望老師及師母；數年前老師與許多學長姊經過台東，特在我任職的國立台灣史前文化博物館停留，當時見老師言笑清朗、身形爽健；之後聽聞老師赴大陸進行學術交流，卻未得閒再謀拜望之期，未料台東之別，竟同永訣，今日思之，格外憾恨！老師一生奉獻教育，誨人無數，研究與著作享譽海內外，成就如北斗高懸，後人只能仰望；愚拙如我，謹寫下追隨老師的片段，作為紀念，並祈願老師在天之靈安息。

憶 吾 師

蕭 淑 貞[*]

　　從未想過以此方式道別，在追隨吾師二十四年之後。

　　猶記當年輔大畢業後，懷著既興奮且忐忑的心情進入師大國研所碩士班研讀，其時吾師甫由香港講學歸來，並於國研所開設「散文研究」以供碩一學生選讀。課堂初見，吾師目光炯炯，傲骨挺拔，不言自威；授課之際，辭鋒犀利，追根究柢，而一手齊整俊秀之板書，更充分顯示其修身治學之自律嚴謹，令人油然而生敬畏之心。

　　數週過後，吾師竟即席出題，要大家援筆寫作，並謂鐘響交卷，不可拖欠。師令既出，豈敢怠慢，駑鈍如我自是絞盡腦汁，搜索枯腸，拼湊一番之後終得交差。隔週上課時，吾師一一唱名發下文章，並依文評論，隨口針砭。喚至我時，只見吾師以嚴厲口吻指斥文章內容承襲舊說，了無創意，並告誡謀篇寫作重在推陳出新，自抒己見，不可人云亦云。聽聞此言，著實心慌，尤感羞愧難當，恨不得一頭埋入地穴。爾後，吾師又擇取歷代文論名作令大家閱讀並撰述心得，由於之前已遭當頭棒喝，因此謹記師

＊ 作者為王老師指導，78 年、96 年獲碩士、博士學位學生。

訓，寧捨眾人常見之論而另闢徯徑，取偏摘微，歸納一己所得。此舉原即不求有功，但求無過，不料竟搏得吾師讚許鼓勵，使我重建自信，並深切體會吾師在傳道、授業、解惑上之態度與用心。

　　吾師治學一向嚴謹，因此常有耳聞，謂其不輕易指導學生撰寫論文，而女學生尤難入其門牆。但因自知生性疏懶，資質平庸，更需嚴師督導方能長進，遂鼓起勇氣央求吾師收納鞭策。自此之後，方知吾師實以畢生心血澆灌學圃幼苗，並將學生作品視如己出，因此耗神批閱，嚴格把關，以身作則，奠定翼下幼雛之治學態度與學術基礎，並以此勉勵女棣不可輕易放棄研究之路。然而，碩士畢業後竟有八年之久未曾進修、寫作，辜負吾師殷殷期盼，內心深感愧疚。

　　一日，終於提振餘勇，拜訪吾師並表達報考博士班之意，吾師聞言，即熱切指導，諄諄告誡，面露欣慰之情，頓時心中倍增歡意。隔年，托吾師之福，重回師大當學生，並得隨師研習，聆師教誨。此時，發覺吾師授課已不同以往，昔日望之儼然，今日即之也溫，然而每週閱讀先賢佳作並撰寫心得之功課依舊，其認真不苟與堅持態度絲毫未減，歷久彌新。此一人生態度在吾師指導我的博士論文時亦充分展現，當時雖已逼近修業年限，但吾師發覺順此方向而下，內容將難以開展，於是毅然堅持更動原定題目，突來變異令我心慌意亂，但吾師之慮必有其理，終於趕在期限之內完成論文。事後曾問吾師：「難道不擔心我畢不了業嗎？」吾師面露微笑，回以：「一點都不擔心，我對妳有信心！」其實，對自己從來不敢高估，但吾師卻對我如此看重，疼惜之情，何以回報？

　　吾師向來注重養生，並保有運動習慣，因此體魄強健，神清氣爽，同時在學術研究上亦持續不懈，創作不斷，既為學生典範，

更是學生之福。豈料此番病起突然，乍聞之初，雖心急如焚，但亦不敢貿然打擾，祈望吾師療養康復後再拜訪暢談，豈料勢已難挽，徒留遺憾！追憶往昔相聚，吾師每於揮手告別後，猶佇立原地，凝望學生背影，每次回首，必見吾師揮手再三，直至不再回顧。如今，那頎長身影、關懷眼神，要到何處覓尋？

送　別

劉　渼[*]

你牽著我們同行，陪伴我們成長
當我們紛紛遠走高飛，
總是　　有一束光穿透遠方
　　　　有一股風力　　激勵著永不停憩

當初你來，早已備妥了一切　　催生我們
如今你，站在最高峯
無人能及

來去雖然匆匆　　巍峩已經被你征服
路程縱使遙遠　　全程都在你腳下

啊！滾滾長流　　終歸要回到大海
　　── 那深邃不可知的地方
所有文心　　真善美的追求

---

[*] 作者爲王老師指導，79 年、87 年獲碩士、博士學位學生。

都已雕成飛龍
融入神聖的大體
　　── 那奧秘不能測的地方

即將來的　　是那一站　　那一種等待
愛　　知道方向
即將去的　　是那一刻　　那一道璀璨
光　　永遠通體明亮

緣　與　圓

── 與老師的幾段對話

蔡　美　惠[*]

　　在老師的弟子中，我可能是屬於較難教化的一類。與老師結緣，在年少輕狂之時，一九九二年秋，進入師大國研所碩士班就讀之前，總覺得學術研究是一條不歸路，而且是一條相當沉重的不歸路，人生何苦自討苦吃。然而在與老師初次對話之後，剎那間改變了我的偏執。第一次上文心雕龍的課，才一下課，老師竟喚我到講台前，並且說：「女孩子要研究學問是不可能的。」很震撼的話題，尤其是第一天到師大來上第一節課，聽到如此的開場白，真的很錯愕。但經過簡短論證式的對話後，我的結論竟是：「人不論男女老少，只要願意，誰都可以研究學問。」雖然當時我並沒有下定決心投入學術研究，但學術研究這條不歸路卻在霎時間自然開展。很禪宗的教學法，一計「激將法」，讓我自然而然自覺，但心中的感謝，則因日後的師生相處而日益深刻。激將法要使得開來，前提是要用在將材之上，我不知道是否可稱得上

────────────
[*] 作者為王老師指導，84 年、91 年獲碩士、博士學位學生。

將材，但老師的知遇與教誨之恩，讓我在最短暫的時間內，獲得信心與願力，堅定地踏上學術研究這條不歸路。

在老師的弟子中，我可能是屬於較為麻煩的一類。對於權威、壓迫式的教導方法，我的接受度並不高，再加上自己的輕狂無知，於是在就讀碩士班時，往往對於所謂的「定論」、「權威說法」，心存疑惑，這是學術研究的大忌，也是學術研究的大法。老師曾說過「盡信師，不如無師」，也曾討論過「吾信吾師，吾更信真理」這一類的話題，當時聽聽，總覺得只是不切實際的門面話，然而在撰寫碩士論文時，老師一段簡短的話，再次修正我的偏見。碩士班時，我以近代文章學作為研究範圍，並以清末民初吳曾祺《涵芬樓文談》作為研究對象。某日，與老師討論吳氏對「命意」的看法，老師舉劉勰的說法糾正我的說明，我的直接反應即是：「老師那是劉勰的看法，不是吳曾祺的主張。」話才說完，便覺失言，但只見老師沉默一會兒，臉上露出嚴肅神情，然後以肯定的語氣說：「我不是研究吳曾祺的專家，你才是，你說了算。」當時我真的嚇著，給自己的毛躁輕狂嚇著，然而真正震撼我的，卻是老師對學術求真的態度與誠敬的精神，一個謙謙學者的風範。

在老師的弟子中，我可能是屬於較有問題的一類。我的問題一向不少也不小，一路走來，總是風雨不斷，也猶如孤魂野鬼，任風雨飄搖。遇見老師之後，才找到依靠，老師總能用三言二語，將我由沮喪無助中拉回。尤其在研讀博士班時，家裡土地遭到詐騙，母親因自責而病重，在不得已的情況下，訴諸法律，展開長達四年的民事訴訟，於是我成為台北與台南之間的飛鳥。然而禍是不單行的，我又深陷自律神經失調、胃穿孔等病痛之中，憂心與重病交迫，嚴重打擊信心，轉為憂傷恐懼。記得那一日拜訪老師，原本是想告訴老師，我值九三危殆之災，學術研究這條路恐

怕無法繼續。然而老師的話，又即時將我喚醒。老師豪爽的說：「人生沒什麼好怕的，我十五、六歲就到台灣，什麼都沒有，也從來沒有怕過。」又是當頭棒喝。是呀！跟老師的際遇相比，我的情況又算什麼，如此大風大浪，老師都能安然度過，我也沒什麼事，何苦自怨自艾。「我在你這個年紀，跟你患了相同的病，我還不是走過來了。」我們師徒也真有緣，連生病的時間、狀況都相類似，兩相對望莞爾一笑的同時，我知道，我將打一場漂亮的勝仗，因為我擁有實力堅強的後盾，有何可懼？

　　在老師的弟子中，我可能是屬於拙於表達的一類。博士班畢業後，學術與教育成為生活的兩大重心，我想畫一個圓，一個足以無限延展我們師徒情緣的圓，於是我盡心盡力於學術與教育之上，我相信老師對我們最大的期望應該在此。近年來，屢遭際遇生離死別的無奈，放不下的情，急速發酵為化不開的痛，然而仍持續著近代文章學的研究。今年年初，在百忙中將升等論文初稿寄給老師，心中頗感不安。後來，接到老師打來的電話：「我大概花了三天的時間看完你的論文，因為最近胃痛，沒能仔細看，內容大致完整，只是不著重心，我重新擬定大綱，你參考看看。」「老師身體健康要緊，如此抱病為我改論文，要我如何承擔？」應來自無法言喻的擔憂，因為這不是老師平日教誨我們的說話模式，老師說話的聲音微弱，氣勢全無，病似乎不輕，於是我帶著憂慮的陰影度日，希望一切都是錯覺。農曆年前去向老師拜年。老師將論文及親筆重擬的大綱交給我，一再叮嚀好好修改論文。我將稿子收好，仔細端詳老師，發覺老師氣不足，神不定，催促老師就醫，要把病治好，健康重要。在老師病重以來，深藏我心之痛已非錐心可以形容，尤其當拿起老師親筆所寫的大綱，所見字字皆是痛字。

　　二○一○年八月四日，是老師辭世後的第七日，也是民俗所
謂之頭七，下午到老師家探望師母，並為老師頌讀《藥師經》與
《阿彌陀佛》諸經。午夜，回憶過去種種，哀慟十分，但因學長、
學姊之命，勉強寫下這一段文字，記下老師的話，記下內心的痛，
記下知遇與教誨的恩情，也記下學統傳承的承諾，願藉以延續師
生情緣不滅的圓……。

永遠的父師

── 悼念吾師王更生先生

吳　玉　如[*]

　　從門口到巷口，每一回探望老師，您總是堅持送我，越送越遠、越久。

　　大樹蓊鬱的巷子口，老師在靜謐的暮色中慈愛地頻頻揮手，像送別遊子的父親，遙視著漸行漸遠的孩子，讓我依依不捨，不斷回眸。都快走到和平東路口了，身邊的稚子卻說：「王爺爺還站在那兒耶！」，本以為那是一段最美的人生風景，殊不知，竟是永遠的揮別……。

　　甫進師大就慕名選修老師的「韓非子」，那時我尚懵懂，每節課坐在教室第一排最中間的位置，親炙老師精采的講論，聆聽古意濃濃的河南腔吟誦，全然不知老師的「厲害」。而老師於我，也總有著一股魅力，吸引著我大三旁聽「文心雕龍」，大四擔任文心雕龍學術研討會的招待工作。猶記於研討會上，老師見到我，高興地說：「你也來這兒呀！」，平日只是上課，未曾發問的我

────────

[*] 作者為王老師指導，85 年獲碩士學位學生。

又驚又喜：「原來老師也知道我啊！」

　　爾後，愚駑如昔，仍不知多向老師請益。研究所保送甄試之前，對「研究計畫」毫無頭緒的我，鼓起勇氣，打了第一通電話給老師，老師立即給我一本大陸學者趙盛德著的《文心雕龍美學思想論稿》，霎時，既感動又感激。從此，老師帶著我進入《文心雕龍》的研究領域，參與《文心雕龍》國際學術研討會，拜會大陸學者，領略所謂的「君子以文會友」，也讓我有機會隨老師與諸位師兄姐弟妹參觀北大、同遊草山、共賞鴻禧別館景色、在紫藤廬暢談美食……的愉快回憶，而今往事歷歷，思之神傷。

　　老師治學嚴謹，一絲不苟，向來聞名，同學說：「你不要命了！」但我心一嚮往之。在碩士班的學期報告上，別的同學報告完便結束了，老師對我的報告，則連續三個禮拜提問，要我逐一回答；在電腦初初盛行之際，老師堅持手寫，而這讓我得以跳出框限，對自己的研究全面重新思考；論文送審前不到一個月，老師要求一週內重寫第一章，當時暗自叫苦，待完成後才方知老師用心良苦。假使沒有當日老師的殷殷雕琢，豈有今日的我。

　　八二年夏天的某個早上，些微昏暗的客廳裡，老師身著白色上衣，藍色運動褲，如恨鐵不成鋼的父親責備著不懂事的孩子般，帶著怒氣對我說：「譬如將來在辦公室，縱使別人不說，你也要主動協助別人。」那時我正跟著老師做韓愈文集的校訂工作，因母喪方過不久，整個暑假未與老師聯絡。從未被師長責備過的我，驚慌地坐著，不敢發出一語，卻在深深的愧疚中感受到老師的愛深責切。那是唯一一次，老師責備我，而我始終牢記著老師的話。

　　今年七月二十九日下午，只有床頭一盞燈亮著的病房裡，我略微提高音量，告訴老師我還記著老師說的「學統」與「血統」，說著我們共同的回憶，談著老師的理想。一向精神矍爍，健朗挺

拔的老師，卻只能用眼神和眼角的淚珠同我說話了。藉著看護協助翻身，老師的左手費力地微微一顫，使勁張開眼睛，喉嚨裡發出了聲音，似乎要對我說什麼。而一整個下午，我的視線也離不開老師。走出醫院，一場大雨滂沱而來，一股深沉莫名的悲傷，猛然攫襲了整個腦海，恍惚了街頭上的腳步，令人泫然涕泣。

我摯愛的老師，這一路行來，您也是我的父親啊：失戀了，寫信告訴您；交男朋友，先帶給您瞧；而您更知我、懂我：碩一的第一堂課，在自我介紹後，您對大家說：「這個吳玉如學太多，樣樣通，樣樣鬆。」用輕鬆的語氣點我，也讓我有些歡喜地想著：「原來老師都知道！」當大家震懾於您的嚴厲之際，您只對我說：「嗯！最近氣色比上學期期末好」、「如果沒事，回家補眠」，獨居臺北，困頓於論文寫作之際，您的話讓我倍覺溫暖，更給了我勇氣與力量。

年年去看您，您也總不忘問我的生活，我的家人；而我的孩子們也喜愛那住家附近有一棵大樹的王爺爺。最近幾次去看老師，您屢次替某位學姊探問醫生的訊息，今年暮春以後，一向關心學生的您，卻不告訴我們，獨自面對疾病，令人好不心疼。

這幾日與各地的師兄姊弟妹聯絡，更深感老師德澤廣被，言談之間，我感到老師平日的萬象風骨，都也化作眾門生象，表現在大家的言談之中。記得有一回，老師和大家說到考博士班時，提了一個問題：請說明朱子所謂的功夫論，受考者引證論述，滔滔不絕，而老師告之以：「一切工夫都在『做人』二字」。老師於《文心雕龍》的研究卓然成家，獲得三十位中國近三百年文心雕龍研究代表學者之一的美譽，但於學術外，更是實踐學術的生活家，身教言教均對我影響深遠。每當上《論語》的第一節課，我總會對學生說：「我的老師曾經對我說一句很受用的話：『一

部《論語》只在人倫日用之間而已。』」。老師的風範實如范仲淹〈嚴先生祠堂記〉所云：「雲山蒼蒼，江水泱泱，先生之風，山高水長！」，澤惠眾生啊！

　　天倏地亮起，幾聲鳥鳴自窗外玲瓏傳入，一陣風吹來，老師昔日送給孩子的過年吊飾在晨光中晃漾著老師慈祥的身影，我永遠會記得老師的話、老師的愛。

撫今追昔憶師恩

溫　光　華*

　　恩師辭世之後的這一天,上午豔陽高照,午後台北竟下起滂
沱大雨,一天之中的晴後忽雨,正似世事突然多變,一切令人猝
不及防,又像是我們乍然聞訊後泫然涕泣的複雜心情。此時的我,
更深切體會了「撒手人寰」這四個字所帶給人的悲慟之感。

　　自親炙受教於恩師的那一刻起,迄今已十六年。十六年來的
點點滴滴,如今追憶起來,仍然歷歷在目。他清瘦英挺的身形,
健步疾走,一馬當先,同行共遊時竟常令後生我輩自嘆弗及;他
為人謙和有禮,對待學生亦從不輕怠,每次至府造訪,必然親自
燒水砌茶,臨別之際,也總是親送至門口,頻頻揮手目送,直至
離去;在電話中,他總不忘殷殷垂詢家人及工作近況,愛護關切
之情,溢於言表;餐敘時,在談聲笑語中,他常像慈父般,一一
熱切為學生面前碗盤夾上滿滿的佳餚;在學生論文的指導工作
上,他無一不用最嚴謹的態度看待,不僅從頭到尾逐字逐句費心
斟酌,稿紙頁頁眉批、潤飾、總評之朱筆斑斕,並且不厭其煩令
學生反覆改易、繕寫後再三審閱;還有他對學生求好心切的懇切

---

* 作者為王老師指導,86 年、91 年獲碩士、博士學位學生。

訓示、一手剛勁潔整的筆跡、滿口很河南卻親切的鄉音、課堂上隨興所至吟詠詩文的奕奕風采……等，諸多點滴，實難以筆墨盡傳，只是，一想到此般場景，今後不再，又不免令人黯然，倍感神傷。

恩師一向自居於平凡，不論數十年間週而復始地堅守教學工作崗位，抑或樸實無華的生活起居，確實可用平凡二字形容；然他一路奮勉求學、力爭上游的人生態度，筆耕墨耘、終年不輟的學者性格，「學不厭，教不倦」的教師形象，以及悉心裁成學子，樂於提攜後進的教育家光熱，卻讓人看到太多常人終身難以企及的不平凡。這平凡中的不凡，正是他遺留世間的永恆典範。恩師予人的形象常是可敬、可畏而又可親的。在學術研究面前，他總是容色嚴正不苟，語勢無比堅定；在茶餘飯後，他侃侃暢談，卻時時散發著和煦春風；在師生談文論學之際，恩師既樂作傾聽者，也常盡敘胸臆，在義正辭嚴中，充分展現讀書人的傲人風骨。每思及此，就不免讓人聯想，這不正是《論語》書中所載「望之儼然，即之也溫，聽其言也厲」的君子形象嗎？

這十六年之間，每每覺得得之於師者太多，出之於己者太少，然我知道他並未期待過任何回饋，他只希望學生們沈穩踏實做好份內的學術研究與教學工作，他總在背後默默付出關懷，長期以來，自己心裡也就靠著這樣的力量，得到了莫大的精神支持與安慰，也在學術的汪洋瀚海中得到了些許安全感。他是傳承「學統」的指導教授，奠定我治學基礎的恩師，也是協助我學術定向的貴人，我常揣想：若當時沒能與老師相遇，今天的自己想必依然是在汪洋中漂流，茫然無助的孤舟吧！只遺憾天不假年，十六年的相聚緣分，終於還是沉痛地畫下了句點。我不免貪念冀望：若能更長些該有多好？若他還能再陪我們多走一段該是多大福氣？但

如今我堅信，往後第二個十六年、第三個十六年……，他的精神典範將是我生命中持續散發光熱，永不熄滅的明燈。

　　他是經師，更是人師；他是嚴師，也如慈父；他是著作等身、蜚聲國際的學者，也是作育英才無數的教育家；他是文心傳人，亦爲雕龍使者；而這集多重角色於一身的，正是我最敬愛的恩師 ── 王更生先生。

愛，永不落幕

林　淑　雲[*]

　　有些事，總覺得會天長地久，永恆不變；有些人，總覺得永
在身邊，不離不棄。然當年華漸長，漸通人事，方知世事瞬息萬
變，莫可逆料。

　　一直以來，每日運動、重視養生之方的恩師始終精神矍鑠、
神采奕奕。耄耋之齡，進退行止之間，仍健步如飛，爽俐敏捷；
談學論道之際，更是意興遄飛，容光煥發。從事研究，勉力務進，
年年發表擲地有聲的著述。對我而言，恩師是我心中永遠不倒的
巨人。我不會天真的以為恩師會長生不死，只是執拗的相信他會
天保九如，長命百歲。

　　只是誰會料到，死神的腳步，正悄然而至。

　　今年農曆年前，諸多同門一同前往恩師家中拜早年。談話中
恩師提及吃壞肚子，身體違和。當時我僅以為是普通的腸胃不適，
看過醫生後即可痊癒。之後恩師至醫院進行一系列檢查，腸鏡等
並無異狀，同時亦看中醫，名聞遐邇的中醫師言其並無大礙，種
種讓人寬心的消息，令人稍懈忐忑之心。只是五月中旬的晴天霹

---

[*] 作者為王老師指導，87 年獲碩士學位學生。

靂，震得大家六神無主。

六月底，與顏瑞芳老師同赴仁愛醫院探訪恩師。一進病房，恩師怔怔的看著我們，艱難地說道：沒想到……。是啊！任誰都無法想到，腸胃不適的表徵下，潛藏著如此兇險的病症。癌細胞猖狂肆虐地吞噬恩師的生命能量，此時恩師竟已羸弱到要以輪椅代步。我們只能力勸恩師寬心，多吃東西以儲備體力戰勝病魔，但更多的時候，我們無語地面對命運殘酷的玩笑。那一天，恩師主動提議到醫院附近餐館（半畝園）共進晚餐。恩師吃得不多，虛弱無力到雙手顫抖，幾乎端不起湯碗，師母則在一旁體貼入微的悉心照料。那一幕，讓我泫然欲泣，感動莫名。恩師和師母結褵五十六載，鶼鰈情濃，而今巨變來襲，師母堅強的牽起恩師的手，只希望能共同挺過這狂濤駭浪。

七月二十六日，在元珍學姐的告知下，方知在我出國期間，原已居家休養的恩師又再度住進醫院。元珍學姐、素英學姐、美蕙和我急急奔赴醫院探望。那一天，恩師在多天昏沈之後睜開雙眼，他清亮的眼神，清楚地傳達他的意識清醒，並能以眨眼示意，表達他知道我們來看他的訊息。只是戴著氧氣罩的恩師，已羸弱不堪到無法言語。我出國不過短短時日，恩師的病況竟然急轉直下，讓我驚駭不已。當我在電話中，和王恒師姐（恩師么女）討論恩師病情時，師姐語氣沈重徬徨，我也手足無措，面對不可知的未來，我們同樣感到脆弱無助。

一路行來，我們習於恩師的引領提攜，他是我們為學的圭臬，處事的南針。我猶記得在大安森林公園中，師生二人邊走邊聊，恩師為我擘肌分理，剖析釋疑，確認碩士論文的寫作方向。在師大研究室中，恩師深中肯綮，諄諄善誘，為我解答諸多的疑難雜症。寓所書房中，恩師一一指陳架上藏書，鉤玄提要，以供寫作

參考之資。恩師指導論文嚴格認真，研究方法與品質不符要求，往往疾言批評，不假辭色；論文進度稍有延宕，則聲聲催促，不容懈弛。然而面對生性疏懶的我，卻多了一份包容和體諒。他體諒我家庭、教學兩顧的心力交瘁，他包容我的天資駑頓，不忍給予壓力。甚而當我身體不適，飽受失眠之苦時，恩師關心之餘，寄來《靜坐修道》一書，並親自於扉頁書寫「贈書小記」，勉勵我「仔細讀，照著做，時久必有大效」，書中並有恩師的閱讀註記。望著恩師蒼勁有力的字跡，殷殷關懷之情，溢於文詞。而今哲人其萎，斯人已邈，怎不令人無語問天。

恩師的遽爾辭世，讓我頓感世事無常，變幻莫測。師生齊聚，言笑晏晏之歡，無能再現；立雪「王」門，切磋琢磨之樂，終成絕響。然則生命，「自其變者而觀之，則天地曾不能以一瞬。自其不變者而觀之，則物與我皆無盡也。」死生契闊，陰陽乖隔，然而遺風餘思，精神長存。我心中的巨人，未曾倒下。其為學之敬謹不輟，其為人之磊落軒然，其待人之勤懇赤忱，其處事之圓融周全，皆為我們樹立了永恆的楷模。

愛，永不落幕；典範，永遠長存。

愛之有所成　道之有所虧

吳　福　相[*]

老師！您走了，何以如此突然，如此令人措手不及，而又於心不忍啊？

還記得二個月前，您依然健步如飛，侃侃而談，氣閒神定，笑聲朗朗，而且還和我規劃花蓮之旅，正在我已覓妥百坪農場渡假村，想讓老師在那依山傍海，風光明媚，地傑人靈的勝地，好好品味人生，歡渡餘年；竟傳來惡耗，遂成絕響，寧不浩歎？

老師一生獻身教育，培植後進，同門都散居各地，獨當一面，領袖群倫，發揚龍學。蓋嚴管勤教，熱切互動，精神感召，有以致之。老師學術造詣，成就非凡，尤以《文心雕龍》之研究，闡幽發微，另闢蹊徑，可謂獨步當代，首屈一指，且能以深入淺出，活潑生動之方式，引導同學們有如倒吃甘蔗般漸入佳境，而欲罷不能，而醉心忘我。連不才如我，老師都視如己出般的愛護、鞭策，時而殷殷企盼，盈盈至語，成就「循循善誘，博文約禮」之意；時而醍醐灌頂，直指人心，成就「發於聲，徵於色，然後喻」之旨，雨露或風霜，都讓人感念在心，懷思不已，終至讓我進入

---

[*] 作者為王老師指導，88 年獲博士學位學生。

文學理論的學術園地，好之樂之，受用無窮。

　　在我要考研究所前，老師問我：「準備何如？」我說：「文學史等各科相關資料都看過三遍了。」老師說：「重點不在所看資料的雜多，而在於是否已經融會貫通？」這正符合「讀書與其多而蕪雜，不如少而精研」之要義，我深深領教，改絃易轍，重在融通而不死記，重在發明而不死讀，從此學養俱進，名登金榜，實吾師之教誨，有以得之矣。

　　在撰寫論文時，老師為我一字、一句、一段、一章、一篇的字斟句酌，圈圈點點、刪刪改改、眉批總批，筆墨爛然地開釋、指導。我問：「老師這樣仔仔細細，徹徹底底的批改，會不會太過勞累？」老師說：「必須經過嚴格的考驗，才能紮下深厚的根基」故雖時有讚不絕口，溫文儒雅，再三期勉的肯定；更有疾言厲色，退稿重寫，愛深責切的批判，真是金剛怒目，而又菩薩心腸。在老師求全責備時，我就小心翼翼，改邪歸正，倍加努力，避免再犯；在老師歡心喜樂時，我就來個順口溜，逗得老師開懷大笑。記得數年前上海之旅，和老師牽手過街時，我說：「牽著老師的手，可以成為學術的高手，生命可以活到九十九」同學們聞之，蜂湧而至，路口交通為之堵塞，大家搶著要拉老師的手，各個想著成為學問的高手，並且活到九十九，老師哈哈大笑，笑聲洋溢，久久不絕，今日思之，恍如昨日，猶在耳際，迴盪不已。

　　以上諸多點點滴滴，或急切期勉、或深摯鼓舞，感受盡是春風化雨，溫馨動人，相信這是老師「愛之有所成」吧！

　　後來我踏入教育界，急求功利，猛超堂數，日夜教學，貼補家用，一時頗似有夫子「教不倦」之意，老師以為大道不言，然不言又不足以明道，縱使畢業了，猶對我嚴厲地說：「孔老夫子雖有『教不倦』之旨，然而更重要的是下文的『學不倦』，蓋唯

有學不倦的精神，才能在知能上有所進展、創獲，才能落實於教不厭，而非徒然取其前文，知其一半之要旨，必欲二者相輔相成，始克得之」。初始吾不能領會此意，故未盡信，反而不但超堂，而且又兼行政，既擔任導師，又擔任組長、主任、館長、主委、秘書等各項職務，一身兼數職，一肩挑大樑，應酬交際，左右逢源，行政事業蒸蒸日上，平步青雲，登峯造極，不可一世。老師却在此時，給我當頭棒喝，要我回頭是岸，轉歸正途。因爲我學田久疏，荒廢經年，所以老師再三告誡說：「『學而優則仕』一般人都做得到，但是更要緊的是其下文『仕而優則學』，必欲有所學，而後其仕始得有見識，有睿智，足以服務大眾，造福人群。要知道『放棄名利而後才能名利雙收』，拒絕權勢與金錢的誘惑才能真正獲得有內涵、有實質的性靈與財富，你好好想想吧！」老師不假辭色，逼我回頭，使我恍然大悟，因此英華內斂，收心讀書，放棄名利，努力升等，終至回歸學術，迎頭趕上，轉禍爲福，轉危爲安。要不然，如無老師聲色俱厲的指責，日日沉溺於觥籌交錯、紙醉金迷的墮落生活中，忘記了「學如逆水行舟，不進則退」的教誨，我的學術生命，將不知「伊于胡底」邪？往事歷歷，縈繞心頭，回首省思，或可謂老師必欲呈顯「愛之有所成」，而以「道之有所虧」來成就之邪？

　　老師臨終前數週跟我說：「當我們擁有成就時，往往邁入暮年，要知道『放下才是真學問，看開方爲好功夫。』今天我雖然得胰臟癌，但我必須與它和平共處。這是上帝賜我安養休息的好時機，因爲我這一生多在奮鬥，有苦過，也有樂過，有失意潦倒之時，也有得志揮灑之日；只是它來得太突然，我連作夢都沒想到會得此腫瘤。不過，我要努力實踐這放下的學問和看開的工夫，希望能夠平靜安詳的與它共處。」老師和我手握著手，心連著心，

我們一起高喊：「加油！加油！」不料，不數日，老師就在病榻上，一直無法言語，不食不眠，不思不想，雙眼緊合，手腳任其腫大，心肺任其衰竭，肝臟任其敗壞，親朋好友們或介紹偏方，或代尋名醫，或煮長壽餐，或贈好補品，或轉送醫院，或再三求治，人言言殊，莫衷一是，大伙們多為老師著急得如熱鍋上的螞蟻，老師卻深深致謝，堅持「放下」，不作治療；抱定「看開」，不作補救，終至病情急轉直下，日漸消沉，委靡之至，群醫束手無策，眾生徒乎奈何！這或許是老師寄寓有愛成以道虧，不言而至言之旨邪！

　　吾師愛我甚深，成我甚多，以致期我甚殷，責我甚切。時有暖暖熱愛，深獲我心；偶而刀子之口，豆腐之心。吾念茲在茲，必欲成之全之。特此向老師稟報一件事，這學期我的教學評鑑十分優異，深得老師之真傳，實是學習老師待學生的親之、愛之，有以致之，或可贈與老師在天之靈，一起分享邪？

一段師生緣

王　若　嫻[*]

　　99 年暑假裡的星期天晚間，接到學姐來電，再經歷數日的沉澱，仍然不敢相信，我們所敬愛的指導教授王老師已離我們遠去。這些天來，我不斷回想老師上課時的點滴，心中有無限的感恩與懷念。與老師的一段師生緣，竟是意料之外的，我是個「意外的」學生，恐怕也是老師不得不收留的研究生。大學部、碩士班到博士班皆未曾修習過老師的課，回想起來，心中非常感謝老師當初指導博士論文的恩情，是嚴師，亦是慈父。

　　當初在文化大學中研所所長的商請之下，王老師答應指導我的博士論文。老師為研究《文心雕龍》的巨擘，名滿天下，我對老師自不陌生，但老師並不認識我，要求我撰寫自傳一篇繳交，老師仔細批閱後，當然就是大家所熟知的「滿江紅」與「大叉叉」，且僅有一句評語「毫無文采」。直到後來，我才漸漸了解老師的用心良苦，即便對一篇自傳，都嚴格要求，顯見老師的謹慎及對學生的關愛。印象更深刻的是修改論文題目，因為一再修改論文題目，使我憂心忡忡，深怕超過修課年限。猶記得是在下課十分

---

[*] 作者為王老師指導，94 年獲博士學位學生。

鐘，老師一眼看出論文題目有問題，以堅定的口氣要求修改題目，我回座時滿臉沮喪，很是受傷，淚水看就要奪眶而出。此時，上課鐘聲悠悠響起，老師突然語重心長道出王國維的人生三境界，並逐一講解，最後，將眼光全落在我一人身上，眼中盡是篤定與慰勉。我當時已由學長姐口中得知老師為學的嚴峻，因此那一刻的感恩與感動，是一生都無法忘懷的。果真，修改過論文題目後，論文的撰寫有了展開的可能，老師一路辛勤指導，方有今天的我。老師總是為著學生設想，預見了未來所可能面對的難處與困境，並指出明確的方向。在「嚴師」身上所學到的風範，豈又只是為學一面呢？

　　老師經歷過人生的困頓，努力自學而有成，對於後生晚輩，總是提攜有加，多所呵護，在嚴師的外表下，老師也是個慈父。記得博士論文口試前，老師細心耳提面命，提醒注意細節事項，大至論文影印及餐點安排，小至抹布與手提袋的備用。更壓低聲量詢問我，是否備有足夠的經費。當時我感動得眼眶盡是淚水，差點流下。一想到博士論文撰寫過程，老師批改論文的辛苦，臨到論文口試之際，老師竟然全都是為我們的前途所設想！這不就是慈父的典範嗎？獲得博士學位後，有幾次以電話與老師聯絡，老師一改往日，總在電話那頭開心的聊著居家生活情形，包括協助師母刷洗鍋子、摺疊衣物及整理家事。我帶著困惑，詢問老師：身為學者，也要做這些細微末節之事嗎？老師道出讀書學問，都是為了「學做人」，學做人即在日常生活的細節當中，而夫妻相互的體諒，當然也是重要的一環。回想起來，老師真是一位生活在學問裡的實踐家，更是因材施教的嚴師慈父。

　　現在，想到老師已離我們而去，我手邊緊握著老師的自訂年譜初稿，想像老師一生勤苦自學而成為國際知名的國學大師，「毫

無文釆」的我，仍無法以五彩之筆，記錄老師爲學與做人的萬分之一，心中只有暗自祝禱：但願老師無牽無掛，一路好走。而我，有幸成爲老師的弟子，在爲學與做人方面，承受老師無比的關愛，我常提醒自己，對學生亦當如此，才不枉費老師的身教及這段珍貴的師生緣。

難忘師生情誼點滴

崔　家　瑜[*]

與恩師王更生教授的結緣始於 20 年前⋯⋯

在國立藝專（今已改制為國立台灣藝術大學）畢業後多年，在不顧家人反對下（因當時已結婚，孩子亦尚在幼稚園階段），為了一圓做中文系學生的夢想，毅然決定插大，考上東吳大學的中文系。就在「文心雕龍」課堂上認識了景仰多時的恩師 ── 王更生教授。

當時就讀的是夜間部，白天我仍在貿易公司上班，不知為何那一年夜間部竟沒開此一課程，為了要修這門課程，只得向老闆請每星期一（當時此課開在星期一）早上兩個小時的假，趕到遠在外雙溪的學校上第一堂八點的課。

每次下課後，恩師因擔心我必須即時趕回公司上班，總叫我陪他一起搭校車（學校規定學生不可以搭乘教職員校車，除非有特殊理由），就這樣課後共乘校車一年。

當時的我，可能初生之犢不畏虎吧！也可能是恩師的親切態度！殊不知坐在我旁邊的不僅是國家文學博士及教授，更是《文

---

* 作者為王老師指導，95 年獲碩士學位學生。

心雕龍》最具權威的學者。在校車上我跟恩師無所不談：談想當一名作家圓年少時的夢，也談家中的點點滴滴，更無所避諱談到對家庭的妥協及無怨的付出。我只是盡興隨意像一個孩子對長輩訴說委屈與心事，而恩師竟全記在心中。

自東吳大學中文系畢業後，幸運的是得以在中文系擔任秘書的工作，與恩師有更多接觸的機會，方知恩師不僅在學術上有傲人的成就，其在待人接物處事上更是謙沖為懷。

在東吳職場多年後，因對文學的一份執著與愛好，雖然在得不到家人支持下，仍毅然決然決定一面工作一面讀碩士班，當把此一心願告訴恩師時，竟得到願意擔任指導論文的承諾。何其有幸！因為受到恩師指導的學生個個是精英，資質魯鈍不材的我竟能得到如此的殊寵，這是何等的恩典呀！

之後因學校工作調度的不順，又因家父臥病在床，再加以外子事業遇到瓶頸，諸多的不遂意，使我一再想放棄碩士學位，若不是恩師的不斷鼓勵及恩威並用，我的碩士論文絕不可能完成。

恩師不僅是我生命中、學業上的貴人，更是每個學生心目中的經師及人師。

萬萬沒想到一向身體健朗，也頗識修身養生的恩師，那句「無常就是正常」竟會應驗在您身上！如此諄諄善誘的一位善良長者老天竟沒給您多一份加持？不忍要問世間真有天理嗎？抑是老天覺得您應該早些到西方極樂世界去享福？

早知如此，做學生的我不只是一年三次：過年、端午及中秋的拜望，反會不怕打擾您更勤於去探望您，也將更加珍惜這份又似師生又似父女的情誼。唯為時已晚矣！

猶記得在我提前離開東吳大學職場時，曾向您許下除了認真教學外還要勤於讀書及寫作，但我食言了；我總是理直氣壯地以

教學、家庭忙碌爲由年年交出一張一張白卷。

　　年初拜年時，我告訴您：「老師我開始動筆了……」得到您欣喜的鼓舞；但因爲動筆的文字有限，心想端午節見您時該怎跟您交代？還來不及想好愧對的言辭時，竟得知您生病的噩耗而無法見到您！再看到您，是您離開人世前一天，當時的您已無法言語，意識已不清……我握著您的手，在您耳旁輕輕呼喚並告訴您：您的一生是多麼精彩；您受到多少學生的愛戴；您的成就是如此非凡；您無愧於天更無愧於地……隱見您眼角淚水輕輕滑下……。

　　是的，忘不了您在教學上的耐心；忘不了您在學術上的用心；也忘不了您在待人處事上的虛心；更忘不了每次拜望您告別時，您總堅持看著我上公車，猶頻頻揮手的那個令人窩心的情景；您安心的走吧！因爲您一生的行誼及學術成就就像和煦的春風永在學生及世人心中……。

再見，老師！

劉美蕙（劉沅臻）[*]

　　任波瀾壯闊的生命謳歌一遍又一遍，再一遍地流洩蝸居斗室裡 ── 繚繞的旋律傾吐那前所未有的膨脹音韻充溢了窗裡窗外……這裡抹抹家具、那裏翻翻舊籍，原沉浸在暑期隨意慵漫時光中的專注而空乏的心，不知來由的，無端跌入悽愴深谷 ──，老師的身影，往日的種種，或明或滅，忽遠忽近，伴隨樂音邈邈，交疊成鋪天蓋地、紛至沓來的那心口難以承受的重擊。老師，生命就是這麼樣啊！瞬間變了個臉，祂竟是這麼偉大至無以復加的覆蓋一切萬有。不捨，不捨的情緒無法抑遏的漫向如許卑微的軀體 ── 頹然鬆手，手上的物事悄然落地，發不出一聲嘆息。

　　好不容意見著老師一面，堅韌的意志又如何？走近滅寂的虛弱形體教人見了椎心刺痛。一大票人的念力又如何？死亡之神是那麼莊嚴，那麼無限憐憫而又那麼巍巍然矗立眼前，俯視著我們低垂著乞求的臉，俯視著我們被撕裂的淌血的心，以寬厚的掌撐持我們軟弱的身軀，憐恤著我們焦灼的眼，卻不答應一句。

　　當年大病一場後，以一個被時間挽留，被生命疼惜的全新的

---

[*] 作者為王老師指導，97 年獲碩士學位學生。

我，央求老師指導我論文。老師一路帶引我走進學術殿堂，適時為我解惑釋疑，教誨我虛靜心法，並訓示遵從原典、藉助信史等嚴謹而科學的研究態度，使數度誤入歧途，陷入困境的紊亂思緒，皆得茅塞頓開，豁然找到出口。因筆拙辭絀，且精神不濟，常犯遣詞造句，或標號引典等基本錯誤，老師皆詳加改正，擔負屬於我的苦功。又因學識限制與論文完成時限的窘迫，而力有未逮之處很多，老師一一提點，幫我潤飾，且寬容包涵，勸慰、悅納我瑕疵的成品。口考結束，指導教授講評時，老師突然淚水盈眶，不能自已，此刻方知老師有感於學生經受生死焠鍊而心疼不已。老師，請不要哭泣，要不是您，我如何能完成這不可能的任務呢？

　　學位完成後，三節成了最令人期待的拜訪老師的藉口，不意才六個月不到時間，健朗的身影突然頹倒如此。不捨，不甘，不相信，驅使我不斷地打電話騷擾老師，強力推銷我曾倚仗的醫師，老師卻是早有定見，不為所動，甚至耐心地安慰我，說自己因為生病不得不放下一切而休養生息，覺得是件好事。

　　好不容易見著老師一面，卻是病榻上不復矯健、屈身忍著腹痛的虛弱形體，急切握起老師的手：「老師，我們來看您了！」迎向我們的是老師矍鑠不再的洞深眼神，陌生得令人心痛，「對不起！我生這個病，勞煩大家來看我，謝謝你們！謝謝你們！」溫雅如常、謙抑如故的談吐卻又那麼熟悉的熨貼心底。「老師怎麼這麼說呢？說謝謝的是我們，過去受您的教導，恩惠像父親那樣，總想不知何以為報呢！」「不可以這麼說！言重了！」老師堅定而溫和的斥責語氣霎時將我拋回當年聆聽教誨的往昔情景。好一會兒回過神來，多日來隔空聽聞老師情形的憂急心情再度喚起，趕緊絮絮聒聒早先設定的探病目的：「老師，試試某醫師好嗎？他知道您的狀況，很有信心呢！」「不，我已經把自己交給

我的醫師治療，我就該全心信賴他，不可以朝秦暮楚，對他是不公平的。雖然，我也不知道這麼治療正不正確，但這是做人的道理。」「……」恍然領悟了老師的心意，那光風霽月的殉道德操令我不覺語塞，直到老師催促：「好啦！你們回去忙吧！快回去！快回去！再見！再見！」當大家艱難地移步走向門後，回首看見老師正望向我們，舉起手不斷揮舞著，以微弱的聲音說著「再見！再見！」不捨的腳步真想就此停佇，老師，讓學生服侍您，報答您吧！連這丁點的心願也難成嗎？難道，師生的緣分真就僅能單向道的，由您付出，由我領受嗎？生命就這麼回事啊！有那麼一會兒，心裡潮湧的這些言語，穿透靜默的空間，流向老師，回向我，老師以靜默的慈愛揮手、靜定的溫暖注視安慰我，彷彿說著：「就這樣吧！沒關係的，你要過得好好的。」是的，老師，您放心，我會珍愛生命一如珍愛我們的師生情誼，再見，老師！

捨不得說再見

楊　婉　慈[*]

　　自老師罹患胰臟癌以後，有一段時間，學生們都連絡不上老師，也不敢隨便打電話到家裡或擅自造訪，深怕打擾到老師以及老師的家人。七月初，淑雲學姊來電，說可以去探望老師了。我立即打電話聯絡王恆師姐，約好時間，和郁焄學姊一同前往。從聞訊以來，一直擔心老師的身體狀況，總算熬到可以見面的時候，我們懷著忐忑難安的心情，向老師家邁進。

　　抵達時，老師正在休息，我們先到房間裡安靜地坐著。躺在床上的老師，身形消瘦很多，似乎並未熟睡，不一會兒就醒過來，看到了我們。老師說話變得很慢，久久才吐出一句，而師母就坐在身旁，不時輕撫他的臉。老師說：「我今年，身體不好。」問我和郁焄學姊：「家裡的爸爸媽媽都好嗎？健康平安嗎？」問我：「能早點完成論文嗎？」我說：「爸爸和媽媽一切都好，老師別擔心我的論文，我會自己寫，很快就可以寫好的。」老師點點頭。簡單的對話中，有許多空白的片刻。我們很擔心，卻不知從何說起；老師似乎想多說些什麼，終究也是欲言又止。不久，老師跟

---

[*] 作者為王老師指導碩士班學生。

師母催我們回家。師母送到客廳，我們詢問老師的近況，師母說老師胃口不佳，飲食上雖然沒有什麼禁忌，但醫生叮囑要多吃富含蛋白質的食物，偏偏老師不愛吃肉，又不喜歡家人盯著他吃飯。

走出老師家，我跟郁焄學姊都難過得有點說不出話來。我提議去買點鼎泰豐的小籠包和牛肉麵，因為這是我唯一聽老師說過他最喜歡吃的東西。提著熱騰騰的食物，我們再度造訪。一開始，老師不願意收下，說：「不用、太貴了！」。我們則勸著說：「老師您看看，您都瘦了！」「這點東西不貴啊，又不是天天買！」「先吃吃看、嘗嘗味道吧！想吃的話，就多吃點；不想吃的話，就不要勉強。」師母也在一旁說：「她們來看你，又買東西給你，就是希望你多吃點。」說了一陣子，老師才勉為其難地收下。

我望著坐在床沿，緊繃著臉、默默不語的老師，心裡不知該如何安慰，只好握住老師的手，說：「老師您一直都對我很好啊，教了我很多東西，這幾年要不是因為您，我現在還不知道成什麼樣子！老師對我的好，我永遠都會記得。」突然間，老師哭了，眼淚直直落在衣服上，師母連忙拿起衛生紙幫老師擦淚。「回去吧！回去吧！」哽咽的聲音和不斷落下的淚水，我從未見過如此情緒激動的老師，頓時覺得手足無措，只能和學姊忍著悲傷的心情，匆匆道別。

又過了兩週，我和郁焄學姊去家裡看老師。當時老師剛睡下不久，我們在房裡坐了一會兒，老師沒有醒來。師母說天氣熱，勸我們早點回家。我們悄悄地離開，完全沒想到，那躺在床上的背影，竟然會是我們與老師的最後一面！

噩耗來得太突然，就像夢一樣不真實，令我難以置信。今年春節，同門的師兄弟姊妹們如往常相約到老師家拜年。我一進去，看到老師正在廚房泡茶，就把帶來的伴手禮放在餐桌上，拿著寫

好的賀年卡走過去，說：「老師，祝您新年快樂！這是要給您的卡片！」老師看到我的樣子，笑著對一旁的振黎師姐說：「你看看，她就像個小孩兒一樣！」四月下旬，老師曾因小中風而住院，我到醫院探望，帶著他最喜歡的小籠包和牛肉麵。老師雖然嘴巴說不用，最後還是接受了我的好意，我們在病房的小桌子上用餐，我幫老師吃掉他抱怨難吃無比的醫院伙食，一起聊聊天、看看電視新聞。當老師洗完澡出來，我怕老師著涼，趕緊幫老師穿上襪子，脖子圍一條小圍巾。老師跟醫院的看護說，我就像是他的女兒一樣……這一切都還歷歷在目，彷彿昨天才發生，怎麼會在一瞬間，變得好遠、好遠，再也觸及不了？

　　從此以後，老師再也不會，在我懈怠疏忽的時候，給我當頭棒喝；嚴肅的責罵我之後，卻又溫和的安慰我，勉勵我向上。再也聽不到，老師諄諄告誡我做人、做事、做學問的道理，提醒我年華易去，要把握時間努力。而我，再也不能，跟隨老師身側，亦步亦趨，讓他帶領著我，走求學的路，走人生的路。此時此刻，往昔跟老師相處的點滴不停在腦海盤旋，從來沒有想過，跟老師的緣份竟會如此短暫。老師啊！我很想您，您真的離開了嗎？

緬 懷 夫 子

黃 順 英[*]

第一次求學

　　民國 85 年 10 月 2 日第一次上夫子的課－文心雕龍。自此與夫子形影不離。順英是才疏學淺之輩，所識無多，想學文心雕龍其來有自。四部書籍浩如煙海，如何深入，端賴梁任公所輯曾文正公嘉言鈔指引。治學篇提及劉舍人文心雕龍，於是湧起一股雕龍熱。

　　上課前，順英備好自書姓名便箋呈給夫子，表明從師研習，先生一看姓名，露出慈祥親切的笑容說：「歡迎！歡迎！非常歡迎加入。」這場師生序幕就此粉墨登場。每次下課順英必定帶來諸多四部疑惑，尋求夫子解答，先生必定不辭辛勞逐一詳答，讓順英最感動的是 ── 撥冗帶我到研究室詳答疑惑，替順英奠定良好的基礎。更讓順英感激的是 ── 留下家中的電話號碼並約定每天早上 8 點、下午 3 點、晚上 8 點的解惑時段，這是夫子栽培順英的管道。

---

[*] 作者爲 85 年聽王老師授課文心雕龍學生。

鍾愛誡子書

　　夫子著作橫跨層面極廣，順英常在書市中找尋心愛的典籍，也經常見到先生的大作。這篇誡子書收錄在黎明書局名人書牘選輯中，作者李兆洛，老師註解。

　　順英是計程車司機。大約十五年前有位阿婆招車，一上車便高興地說：「我要到南港吃祖公。」目的地大約是現址南港科學園區。當時我一頭霧水，一位年紀七十左右的阿婆，祖公還招待子孫吃大餐，彼此交誼，心想她的祖公必是人瑞吧！我很懷疑地問阿婆：「你的祖公還健在喔！年紀一定很大了吧！」阿婆說：「祖公不在人世了。」這時我更加迷惑？阿婆接著說：「祖公留下了財產，每年辦理子孫聚餐，餐後還有現金可拿。」原來別人治家如此嚴謹，也讓我開了眼界！這是驅使我鍾愛誡子書的原動力，順英讀來別有一番滋味！更佩服夫子精選了這篇文章。原文為：

　　　自吾曾祖始居於此，吾祖恢而大之，吾付整而飭之，吾兄全而保之，以緜延百年，貽我後之人，汝父何嘗有一絲一粟裨益於其間以庇汝哉！而汝居然有廬可居，有田可耕，有書可讀，汝等之幸，不可不自知之也。

　　　吾與汝伯父，少小相愛，相依如性命，及各長大，時時東西南北，不能常聚，然心志未嘗不同；汝祖察其如此，故聽其白首同居，不復異財耳。然十餘年來，汝伯父之支撐門戶，整理家計者，心力交殫矣；年已就衰，豈能常為汝輩做牛馬哉！故將祖產所貽，均勻剖析，可分者分之，不可分者仍公之，庶幾各有職業，各知艱難，此不得已之苦

心，可告無罪於先人者也。

吾生平粗伉，惟略識文字，於人情曲折，每不甚諳。齏鹽瑣悉，尤所不耐，著衣喫飯，皆賴父兄庇蔭耳。年才過五十，已覺衰病侵尋，又婚嫁已了，頗復思逍遙人間，不與世事，欲自勉強持家作計，誠不能也。故以吾兄分授與我者，復析為二，以授汝等，自今以往，吾但仰食汝等，不復有所關預也。

汝等資皆中下，吾不望以功名顯榮，能純純謹謹為鄉里自好之人，便是恪守家法，吾願足矣。苟能自守，已足終身飽暖，不能自守，雖銅山金穴，豈有濟哉！保家之道，制節謹度而已；保身之道，謹言信行而已，非分之想莫萌，無益之事莫作，此吾所常以語汝者也。勉之！

這篇文章是夫子和順英最後的溝通橋樑，當先生病重時，已經昏昏沉沉，無法言語。順英徵得師母同意，於病榻前傷心地背給老師聽，背完後夫子流出眼淚來，順英也心疼不已地流下傷心淚。

退思齋

「進思盡忠，退思補過。」是夫子生平志業。順英自幼與讀書無緣，除了放牛耕田，不知人生為何？直到韋恩風災後，由彰化北上謀生，嘗盡人生百態，受人欺凌，才知讀書的重要。民國八十五年在夫子循循善誘下，得以接觸更廣泛的典籍。退思齋是先生筆耕的書齋，生平著作誕生於此，順英跟隨老師求學，對退思齋命名一直耿耿於懷，又不敢當面向夫子提問，直到某日讀到陸隴其退思堂記，才明白先生對臺灣貢獻。

老師對國家、社會、教育界，向來鞠躬盡瘁，但對子女的教

養重擔全交給弱女子－師母承擔。師母也毫無怨言，肩挑起此一重責大任相夫教子，身爲夫子的妻兒對此能夠毫無怨言？順英不相信，要是順英非抗議不可。但師母、王愷、王憬、王恆只有默默承受，心胸之寬令順英懾服！順英只有向你們說：「感恩師母、王愷、王憬、王恆對臺灣無盡的奉獻，順英永遠愛你們！」

　　夫子遺願，其一爲王門諸學友皆能秉持教學相長之精神，本承先啓後、繼往開來的古訓，彼此互勉互助，達成學問濟世之崇高目標。其二是告王家子孫之譜訊：「鴻出豫東，更生台澎。豎心作記，四海齊同。肅恭節文，華實相成。忠孝爲本，敦品勵行。詩書傳家，友愛親朋。天保祖佑，福祿永弘。」願王門諸學友、王家哲嗣共勉之！

三、恩師故舊悼輓

張少康教授唁函

　　方元珍教授、呂武志教授：驚悉王更生教授不幸仙逝，不勝悲痛！我現在正在國外訪問，不能參加哀悼，深感遺憾。王先生是當代卓越的《文心雕龍》研究專家，蜚聲海內外，具有重大的國際影響。他培養了很多優秀的年輕龍學家，是台灣一代國學宗師。他的去世是台灣和大陸學術界的巨大損失。我和王先生有二十年深厚友誼，敬請代我致以沉痛哀悼，並請代向王先生夫人致以深切的慰問！希望王夫人節哀，保重！

張少康敬上 2010.8.2

林其錟教授、涂光社教授唁函

　　治喪諸同仁：驚悉

　　王更生先生仙逝，不勝悲悼。先生才高德劭、治學精嚴堪稱楷範，數十載耕耘不輟，著述等身，弟子滿門，是建樹頗豐的龍學泰斗，為振興當代國學和兩岸學術交流不遺餘力，貢獻巨大。

　　王更生先生的名字將彪炳學術史，永遠銘記於後學心間。

　　謹向先生的家屬以及臺灣文心雕龍學界的先進與同仁，表達我們誠摯的哀思和慰問之情。

林其錟　涂光社　2010.8.4

深解立家　飛龍在天

── 弔龍學大家　王更生教授仙逝

林　中　明

2009 年 5 月 19 日，臺灣「龍學」龍頭，王更生教授
嘉勉後學，賜宴於臺北‧彭園後合影。

　　2010 年 8 月 3 日，驚聞　王更生教授仙逝。《文心》頓喪龍頭，《斌心》亦失知音。悲不自勝，傷之何如！。

　　又聞小門生將集政教領導、門人好友之輓聯、哀詩、弔文、感言編爲小冊，於紀念儀式上分贈弔送者，並於 4 日夜截稿。余憶　先生生前善吟詩唱詞，繚繞如鶴鳴、如龍吟。余雖將駕雲御氣越洋以弔殤，然愧不能龍吟鶴鳴以送之。乃集　先生生前誨教之《文心雕龍》篇章詞句書聯，以辭遣哀，並見先生之學與知遇之情。又附 2009 年 5 月　先生嘉勉後學，賜宴於臺北彭園。餐後

歡攝於「神龍」書法前之合影，如見其人，若聞其言。其聯曰：

觀千劍而後識器。原道、總術，博文該情。

程器、才略，見異唯知音耳！

破萬卷格外宗經。徵聖、鎔裁，簡言達旨。

神思、養氣，飛龍終在天矣。

35x66cm

2010 年 8 月 4 日後學·林中明·叩拜於萬里之外，寄思乎百字之中。
說明：朱印四方（上）一代有一代之學。（下）遙想其人、斌心雕龍、日月為眼。

劉淩教授唁函

臺灣師範大學國文系　許文齡　女士：
　　　　　　　　　　蔡慧瑜　女士

　　驚聞貴系王更生先生遽歸道山，不勝痛惜。王老執教一生，雨露滋潤，桃李滿天下。其《文心雕龍》研究，譽滿學林，為吾等後學欽羨敬仰。作為溝通兩岸《龍》學之功臣，他多次情采並茂的講演，均博得滿堂喝彩。其學高，其身正，確實堪為師範。讓我們兩岸學人繼其遺志，為推動《龍》學研究，復興中華文化而共同努力。

　　謹請二位，並轉請逝者親屬、同仁及弟子節哀自珍為盼。

　　肅此奉達。

　　　　　山東省泰山學院文學院教授
　　　　　中國《文心雕龍》學會理事　劉淩　敬上
　　　　　2010 年 8 月 6 日於山東省泰安市

中國《文心雕龍》學會唁函

王更生先生治喪委員會：

驚悉為我學會和《文心雕龍》及中國古代文學理論研究作出傑出貢獻的著名專家王更生先生，于七月二十九日晚十點五十分因病在臺灣臺北市逝世，這是《文心雕龍》研究界無法彌補的重大損失，我們表示沈痛哀悼，並向王更生先生親屬表示親切慰問！

中國《文心雕龍》學會 2010.8.2

中國《文心雕龍》學會會長詹福瑞唁函

王更生先生治喪委員會：

痛悉為中國《文心雕龍》學會和《文心雕龍》及中國古代文學理論研究作出傑出貢獻的著名專家王更生先生，于七月二十九日晚因病在臺灣臺北市逝世，這是《文心雕龍》研究界無法彌補的重大損失！惟先生傑德峻望，學界所仰，夙尚儒風，文心永寄。我特表示沈痛哀悼，並向先生親屬表示誠摯問候！

國家圖書館
中國《文心雕龍》學會
詹福瑞　敬悼 2010.8.2

中國《文心雕龍》學會
常務副會長左東嶺、秘書長陶禮天輓聯

痛輓王更生先生

王更生教授　千古
崇教悅古，發粹雕龍，邁前學而獨造，典型可式
沉星化鶴，不絕文心，極嘉士之儀品，懿德長存

　　　　　　　　　　　後學　左東嶺　陶禮天　敬輓

中國《文心雕龍》學會秘書長陶禮天唁函

王更生先生治喪委員會：

驚悉爲中國《文心雕龍》學會並在《文心雕龍》及中國古代文學理論研究諸多方面作出傑出貢獻的著名專家王更生先生，于七月二十九日因病在臺灣臺北市逝世，這是學界無法彌補的重大損失！惟先生博厚深宏，有懿文德，發粹雕龍，載寄文心。極學者之儀品，誨人不倦；挺龍學之獨造，爲予師表。我特表示沈痛哀悼，並向先生親屬表示誠摯問候！

　　　　　　　　　　　首都師範大學文學院
　　　　　　　　　　　中國《文心雕龍》學會
　　　　　　　　　　　陶禮天　敬悼 2010.8.2

江蘇省鎮江市歷史文化名城研究會會長錢永波、常務副會長昌萬海、秘書長紀東唁電

方元珍教授：

驚悉王更生先生不幸逝世，深為悲痛，特致電表示深切哀悼，並向王先生家屬致以慰問！

王更生先生一直對鎮江的歷史文化研究予以關注和支持，數次到鎮江指導並留下墨寶、贈送作品，使我們難以忘懷！

望王先生們親屬節哀保重！

江蘇省鎮江市歷史文化名城研究會
會長錢永波、常務副會長昌萬海、
秘書長紀東　2010.8.2

中國《文心雕龍》研究中心主任
任罡、副主任殷愛玲唁電

王更生先生諸家屬、友生：

驚悉一代學術泰斗王更生先生遽歸道山，我們不勝哀慟！

王更生先生是當今海內外中國古典文學研究，尤其是龍學研究領域貢獻最爲卓越的學者之一，其學問之淵博、德行之敦厚，均足爲當世之型儀，後學所仰戴。他爲中國《文心雕龍》資料中心的建設給予了無微不至的關懷，不僅多次光臨敝中心諄諄指導，並慷慨捐贈了數目可觀的親著及收藏的新舊圖書，獎掖後學甚勤，嘉惠學林甚至。敝中心上下追憶音容則宛在，復聆謦欬竟焉聞？嗚呼痛哉！

並向王先生家屬致慰問之意，且盼節哀。

中國文心雕龍資料中心主任　任　罡
副主任　殷愛玲 2010.8.2